JN086026

シャッターの設置場所に応じた設計を行う一級建築士の金井伸治さん（81歳）。大手電力会社を退職後、妻ががんを患ったことを機に、「横引シャッター」に再就職。

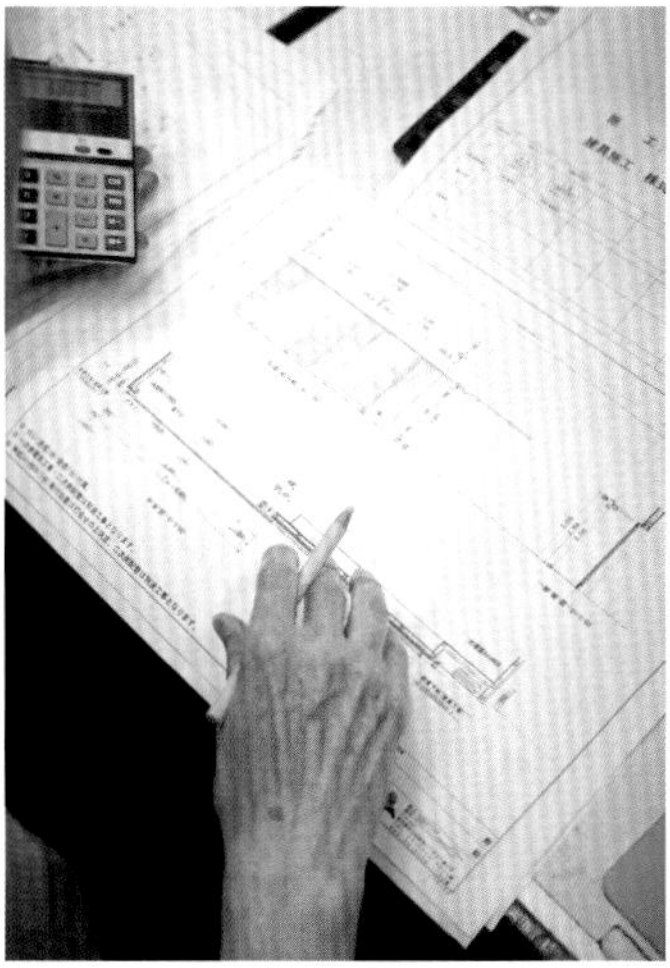

横引きシャッター越しの市川慎次郎社長。採用の際は、経歴よりも、和を重んじる社風に合うかどうかを重視している。

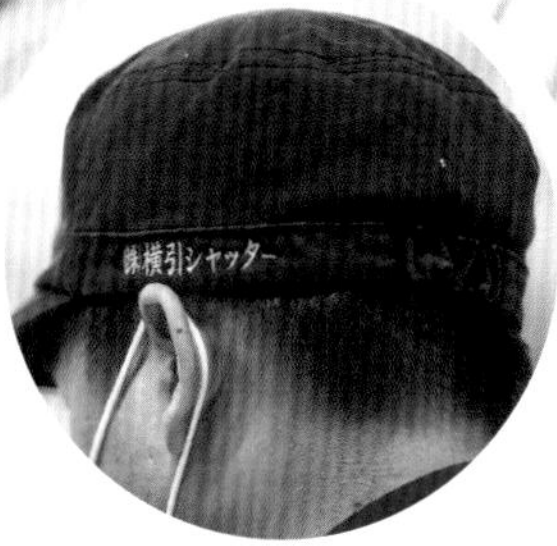

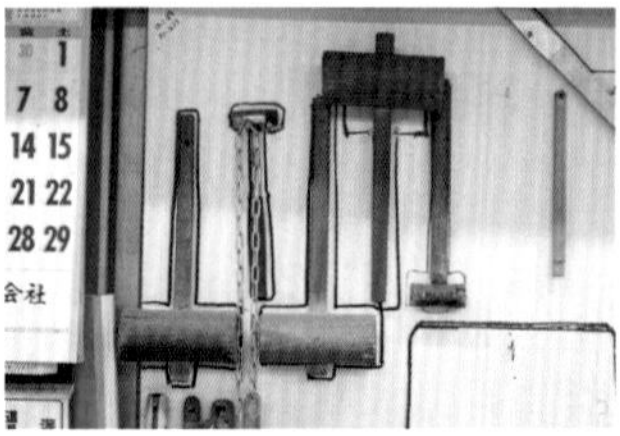

**右ページ**
**上**／バングーナ・ガンデ・ズベイルさん。成人を迎えた子どもは、サッカー選手として活躍中。
**下**／備品は、誰でも整理整頓しやすいように、置く場所を決めている。

**左ページ**
**上**／本社工場では、資材加工や最終調整が行われる。
**下**／二人一組で行う作業も多いため、チームワークが重要。

**左上**／社長の座る席の後ろには、大きく社訓が掲げられている。
**右上**／横引シャッターのゆるキャラ「カニ部長とカニ子」。社員が手作りしてくれたもの。
**下**／育休中の社員が子どもを連れてきてくれた。

小さな会社が
見つけた
誰もが幸せを
感じられる
働き方

# 新入社員は78歳

中央シャッター／
横引シャッター代表取締役
市川慎次郎

かんき出版

商売は
谿《えき》を求めて商売ならず
人喜んでこそ
商売なり

先代の父の言葉です。

この

「欲を出してお金のみを
求めるのは商売ではない、
人を幸せにするのが商売」

という信念を胸に、

私は会社経営を行ってきました。

正々堂々と利益を出して、
その利益を社員に還元して、
社員みんながハッピーになる。
それが私の目指す「**幸せ経営**」です。

会社は営利組織だから
キレイゴトだけでは食べていけません。
人を大切にする経営をするには
力がなければいけません。
原資がなければ
福利厚生もできませんから、
稼ぐ必要があります。

中小企業だからこそできる、
中小企業にしか
できない道があるはず。

そう信じて、実践してきました。

「うちは横引さんとは違うから、
できないよ」

**本当にそうでしょうか？**

私たちが辿ってきた道を
知っていただければ、
もうできないとは
言えなくなるはずです。

## はじめに

# シャッターを扱う社員33人の中小企業

私たちの会社「横引シャッター」は、これ以上でもこれ以下でもありません。なのになぜかメディアに取り上げられることが多く、これまでにテレビ・ラジオの取材が30社以上、２００件以上の雑誌やウェブの記事に出させてもらうことができました（２０２３年8月1日現在）。

横引シャッターは、私の父・文胤《ふみたね》が１９７０年に興した中央シャッターというシャッターの修理業の会社を母体として、１９８６年に設立されました。今では横に引くシャッターでは業界トップクラスのシェアを占めるようになりました。

そんな企業がなぜ多くのメディアに取り上げられるのかというと、社員の扱い方が特徴的だからだとよく言われます。

確かに数年前に入社した社員は78歳でしたし、94歳まで働いた社員もいました。年齢だけでなく、国籍や人種もさまざま、障がいがある人だっています。そうした人たちを雇うのは当然、戦力としてであって、小さな会社が生き残るためのパフォーマンスでは決してなく、私は信念をもって彼らを雇用しているのです。

その信念とは、創業者の先代社長である文胤が遺してくれた、「人を大切にする経営」哲学でした。

「商売は慾《えき》を求めて商売ならず人喜んでこそ商売なり」

当社の社訓となっている先代社長の言葉です。文胤は益の漢字の上に「欲」の字を書いて創作漢字をつくり、書にしたためていました。

わが社には9億円の借金があった「暗黒時代」がありましたし、内紛で分裂しかけた「史上最大の混乱期」もありました。そんな苦境にあるとき、常にこの言葉に立ち返ることで、逆境をどうにか好転させることができたのです。

今では9億円の借金はなくなり、コロナ禍の時期も売上を維持し、ここ2年は過去最高の数字を上げることができました。

社員にはどんな戦力になってほしいかを伝えて本人に目標を定めてもらいますし、時には数値目標を与えることもあります。そこはシビアに社員に課しています。「社員を大切にする」というのは、「なんでも許す」という意味ではないからです。

単に優しいだけでなく、社員の成長につながるようにマネジメントすることが、「社員を大切にする」ことになるのだという思いが私にはあります。

ただし、稼ぐ以外のところはうるさく言いません。働き方に関してもモラルを破ったり、チームの和を乱したりしなければ叱ることもありません。

正々堂々と利益を出して、その利益をみんなに還元して、みんながハッピーになる。それが私の目指す「幸せ経営」なのです。

本書ではまず、時系列に沿って9億円の借金を背負った「暗黒時代」から「史上最大の混乱期」を乗り越えた道のりを整理して紹介していきます。この困難な時期を乗り越えることで多くの経営のコツをつかむことができました。

本書を記すことで私の中でも「人を大切にする経営」を行うには、何が大切で、何がそうでないのかを整理することができ、有益な一冊になったと思っています。

昨今は、ありがたいことに講演会に呼ばれることも多くなりました。そこに来てくれた中小企業の社長さんたちの話を聞くと、みな大企業を真似て定年制度を取り入れていたり、書式とマニュアル通りの社員面談をしていたりします。しかし、中小企業が大企業と同じことをやっていたら、体力のある大手には勝てません。

中小企業だからこそできる、中小企業にしかできない道を、社長自らが動いて実践し、先導していかなければなりません。社長は社員の誰よりも働く必要があるのです。社長という人たちは誰もが、社員に長く幸せに働いてほしいと願っているはずです。本書がそんな意気ある経営者の何かしらのヒントになれば、こんなに嬉しいことはありません。

幸せに働く人や、そんな人が集まる会社が増えることを願って――。

２０２３年９月吉日

市川慎次郎

Contents

## 第2章 積小為大、1を積み上げ大と為す

# 第3章

# 社長がやるべきことは社員のモチベーションを上げるマネジメント

# 第4章

# 自ら考え動く、社員鳴動の極意

# 第5章

# 行きついた「人を大切にする経営」の秘訣

第6章

# 社員が自慢できる会社へ

装丁／鳴田小夜子（KOGUMA OFFICE）
イラスト／大嶋奈都子
編集協力／岸川貴文
写真／ミヤジシンゴ
組版／野中賢・安田浩也（システムタンク）
校正／円水社

第1章

# 中小企業が、9億円の借金を6年で7億円返すまで

## お菓子の空き缶はパンドラの箱

「なんだ、これ？」

２００４年７月、私が中央シャッターで働き始めて数か月が経ったころ、事務所の片隅にお菓子が入っていたらしい空き缶があり、その中に封筒の束を見つけました。束といっても無造作に放り込まれていて封が解かれた様子がありません。ひとつ手に取ってみると、それは税務署からの督促状でした。

「これも。これもか……」

封筒はどれも役所からの督促状でした。

24歳で入社してから私は先代社長である市川文胤の「社長付き」となり、工場作業から営業、クレーム対応、総務まですべてカバーする「なんでも屋」として働いていました。

いろいろあって会社を離れていた時期があり、再度、会社に戻ったのが26歳のときでした。

運転手兼雑用でずっと仕事をして少し経ったころ、当時の総務部長が高齢で退職することになり、ポジションが空きました。当初は社長が兼務していましたが、先代は書類の扱いが得意ではなかったため、私が総務を担当することになったのです。

社長は「俺は週刊誌しか読んだことがない」というのが自慢（？）で、紙に書かれたもの、書類が苦手でした。その代わり耳から入る情報の記憶力は抜群で、テレビなどで一度見聞きした情報は絶対に忘れない人でした。

会社にお金がないことは高校時代から会社でアルバイトをさせてもらっていたので知っていましたし、入社してからもわかっているつもりではいました。

当時、１００人ほどいた社員の給与の支払いとして毎月現金で２４００万円が必要でしたが、前日に４００万円しかお金が揃わない、なんてことはよくありました。

この４００万円を差配するのが私の役目でした。「この人は辞めそうだから10万円、あの人は家計が大変そうだから満額……」という具合です。これを先代と当時の経理担当の人とでひざを突き合わせてやるわけです。

少なくとも数億円の借金がある、けれども、会社経営というのは、ましてや１００人規模の会社ともなればそんなものなのだろう、今は調子が悪いだけなのだと思っていました。いや、そう思いたかったのかもしれません。


しかし、督促状の山はその甘い見通しを砕くのに十分なインパクトをもって、私の目に映りました。

一瞬、見てはいけないものを見てしまったと思いました。パンドラの箱を開けてしまったと。しかし、次の瞬間、目が覚め、脳は考え始めていました。

「俺はこの会社と一蓮托生、運命共同体だと思って帰ってきたのに、親父が死んで潰れちゃったら、この先、俺はどうやって生きていったらいいんだ。親父が死んだあとも俺の人生は続く、会社と一緒に俺の人生を終わりにするわけにはいかない」


そんな思いが強烈に芽生えてきたのです。

## 9億円の借金が判明

あまりにも暗澹《あんたん》たる未来に考えこむことが多くなりました。

考え抜いた末にたどりついたのは、「親父の目が黒いうちに借金を返すしかない。いや、全部返せないまでも、俺が背負えるだけの額にすれば会社は潰れない」ということでした。

そこに行きつくのにそれほど時間はかかりませんでした。

私は決意した翌日から経理に入りました。

まず、借金の額がいったいいくらなのか、特定することからはじめようと考え、経理担当の社員に「念書、督促状の類を全部見せてほしい」とお願いしました。

社長や経理を始め、会社の幹部連中に聞いても「3億かな」「5億ぐらいじゃない」「7億ぐらいだろ」と数字がバラバラです。

調べていくうちに「会社の借金」といえるものは4つに分類することができました。

「給与の遅滞」「税金の滞納」「仕入れ先に対する未払い（買掛金の支払い）」「銀行借り入

れ」です。

このうち、給与の遅滞については、当時、給与を専門に扱う経理担当者がいたのでその人に聞けばわかる。仕入れ先の未払いも別の経理の人に聞けばわかる。銀行借り入れも同じ。わからなかったのは、税金です。

菓子の缶の中に放り込まれていた税務署からの封筒の中身を、最初は確認していたのでしょうが、払えないのだから見てもしょうがないと、途中から見なくなっていったのでしょう。

その督促状の束から封筒を一つひとつ抜き出し、封を開け、中身を確認していきました。表計算ソフトに打ち込んでいくと、封を開けるたびに新しい項目が増えていきました。

督促状が送られた段階から時間が経過しているので、現状どのくらいの額になっているかわからない。そのため、新しい項目が増えるたびに税務署のそれぞれの部署に電話し、「これから払っていこうと思っているので、ついては今うちの滞納額はいくらぐらいあるんでしょうか？」と聞いていきました。

そうして「滞納目録」を送ってもらい表計算ソフトに打ち込んでいくと、滞納額も目に見えて増えていきました。

目録を閉じたファイルが広辞苑ぐらいの厚みになったとき、やっと会社が背負っている借金の総額がわかりました。

給与の遅滞が1億、税金の滞納が1億、仕入れ先の未払いが1億、銀行借り入れが6億の計9億円でした。

銀行の借り入れは17本もありました。億単位のものもあれば、何百万円のものもあります。

税金は延滞金として年利14・6％の金利でどんどん増えていきます。こうしている間にも日々、金利が重くのしかかっていくのです。総額がわかった瞬間から一刻も早く返済しなければいけないという思いを強くしました。

## 「借金のことは考えたくない」「一発当てればなんとかなる」という思考

中小企業の経営者という立場にない人は「え、そうなの？」というかもしれませんが、会社の借金額を把握していないというのは「中小企業あるある」なのです。借金が増えていく段階では総額を把握しているけれど、改善案を実行しても好転せず、そのうち借金の額を確認したくない、考えたくもないという現実逃避の段階に突入し、そして、ある時点から誰も把握しなくなるのです。

借金の額を確認してしまうと、返済に向けて動き出さなくてはならなくなる。面倒くさいことが増える。それなら、先延ばしして、いまの平穏を乱さないようにしよう……。そんな思いが根底にはあるのかもしれません。

もうひとつは、「一発当てればいつでも返済できる」という思い。これも「中小企業あるある」です。

確かに、中小企業の規模だと何か商品がひとつヒットすれば、数億円の借金は返済できるのです。過去にヒットさせた経験があればなおさら、その思いは強くなります。

中央シャッターは、もともとは技術も知識も経験もないところから、父がシャッターのペンキ塗りを見よう見まねではじめた仕事から発展した会社です。タクシー運転手時代に貯めた３００万円を軍資金に、会社を立ち上げました。先代が20代のときでした。

シャッターのペンキを塗っていると「シャッターの修理屋さん知らない？」と言われ、これも見よう見まねで直すようになっていき、修理業もするようになります。そうしてシャッターもつくるようになる中でできたのが、中央シャッターでした。

そんな中で開発したのが、「横引きシャッター」です。

それまでの横に引くシャッターは地面にレールが引いてありましたが、これを上吊り式に変更したのが、わが社の横引きシャッターのイノベーションでした。

レール式だとゴミが溜まったりして動きが悪くなるばかりか、戸車の動きも悪くなります。しかし、上吊り式ならその心配がありません。店舗の見栄えもよくなることから発注が増え、売上は増えていきました。

とくに東京・お台場のヴィーナスフォートが開業（１９９９年8月25日）するときに店舗に採用されたことで認知され、さまざまなところで採用されていくようになりました。まさにひとつの成功体験であったわけです。

そういう成功を収めてきた先代だったから、社員はみな社長に対する信頼感がありました。今は会社の調子がちょっと悪いだけで、この社長ならいつかはきっと給料をちゃんと払ってくれると信じてくれているのです。

同じように仕入れ先の会社も信じて待ってくれていました。それどころか税務署の調査官にも信頼が厚かったのです。税務調査が入ると、調査官が午前中に来て社長と話し、翌日も午前中に話して、もうそれだけで信用して帰っていくのです。

私は先代が人生をかけて築き上げてきたこの会社に入れてもらうとき、もうどこにも移ることはできない、ここで一生懸命に仕事をするしかない、と思っていました。この仕事を辞めるときは、親子の縁を切るか、会社が潰れるかのどちらか。そういう覚悟をもってはじめたのです。だから、もうやるしかない。「自分が背負えるだけの借金にまで減らす」と腹は決まっていました。

## 聖域なきゼロベースの見直し

会社の借金を減らすには、方法は2つしかありません。

ひとつは、入ってくるお金を増やすこと。つまり、売上を増やしたり、投資先からの利益を得たりすることです。

もうひとつは、出ていくお金を減らすこと。

経費、会社として購入したものの支払いを減らすことです。

返済原資をつくるために最初に考えたことは、後者の「出ていくお金を減らす」ことでした。

売上は簡単には増やせませんし、当時は暗黒時代で、営業部からの報告もあてにならないものでした。

たとえば、月初の営業会議で営業部員から「今月の予想はいくらいくらです」と報告があるのですが、月末になって「あの売上は上がっていないけれど、どうなった?」と問うと、「すいません、あれは流れてしまいました」というのです。「代わりにこっちの見込みがあります」というのですが、それも翌月末になると「まだ決まりません」という。

営業会議で小さい数字を言うと怒られてしまうから、なるべく大きい数字を言ってその場を切り抜けよう、契約に至らなかったと言うと叱られるから先延ばしにしてしまおう。そんなことが常態化していました。

「なぜ報告した数字が上がってこないんだ!」と会議が紛糾することは度々ありましたから、私は当時の営業の人たちの言葉は信じられないと思っていました。

仕入れ先や税務署と交渉するとき、この人たちの言葉をあてにしていたら怖くて話ができない。だから、まず入ってくるお金をあてにするのではなく、出ていくお金を減らすことでお金をつくろうと考えたのです。要するにムダ探しです。

当時はすでに創業してから30年経っていましたから、いろんなムダ遣いがありました。

会社は複数に分かれていても本社機能は本社事務所の1か所に集まっていたので、その経理に乗り込んで、毎月支払っている伝票を一つひとつチェックしていきました。

「これは何なの? これは何のお金?」と尋ねていきました。

すると、出てくるわ、出てくるわ、いろんなムダがいくつも出てきました。

誰も読まない新聞を4社も契約していたり、昔、勤めていた社員の保険料をずっと支払っていたこともありました。

請求書の中身を見ておらず、「来たから払う」「何かよくわからないものが勝手に引き落とされている」ことがたくさんありました。

保険の他、コピー機のリース、電話機のリース、携帯電話の契約も見直しました。こういう契約はだいたい3年に一度くらいで見直すと、月々の支払いがぐっと安くなるということがよくありました。

営業車にかけていた保険もそうです。

うちのように10台以上の大口契約になると保険料が割引にはなっていましたが、ちょっとした事故が多かったため、保険料は高額になっていました。

そこで社内で安全講習をするなどして事故減に取り組みました。すると保険料が8年後には5割減ったということもありました。ここで毎年50万円削減することができました。

毎年、数万円から十数万円ほど保険料が削減されていったのですが、そのときに

「払ったと思って」その差額分を経理からもらうようにしました。

ただし、その配分は経理が6で、私が4にしました。１００万円の支払いが80万円になったら差額分の20万円のうち12万円を経理に、8万円を私にください、ということにします。そうすると経理から文句が出ないのです。

これは「人とものを分けるときには相手のほうを多く」という先代の教えがあったからでした。

ただ、当時の経理にとって私はまだ敵です。

社長の息子が急に入社してきて、会社のいろんな資料をひっくり返して騒いでいる、というふうにしか見えなかったでしょう。「自分たちがいろいろやってもダメだったのだから、若造にできるはずがない」という目で私を見ていたのです。

だから、「資料だけくださいい。面倒はかけませんから」といってようやく協力してもらっていました。

## 根抵当5000万円を動かす

借金の返済でもっともインパクトが強かったのは、根抵当を動かしたことです。ある日、当時、数億円を借り入れていたメインバンクのA信金に５０００万円もの根抵当が設定されていることが、金庫の奥のほうから証書が出てきたことで発覚したのです。

これは担保として押さえられているから使うことができません。昔は、根抵当は債権者が押さえていてもよかったのですが、時代が変わって、そのころにはすでに債務者から依頼があれば解除しなければならないという法律に変わっていました。

５０００万円を返済に回せれば、その分の利子がぐっと減らせます。「こんなのＡ信金さんに言って外してもらい、借金を返しちゃおうよ」ということでＡ信金に相談に行くのですが、担当者は首を縦に振りません。

信金からはいつ潰れてしまうかわからない会社と思われていました。だから自分たちが押さえている根抵当を手放したくないというのが信金側の本音だったと思います。

そのころ、Ａ信金さんのパーティがありました。そこで信金さんの弁護士が登壇して挨拶していました。壇上から降りたその弁護士をつかまえて名刺交換し、「うちは製造業、建設業でいろいろ問題が出てくるんで、うちも面倒を見てもらえませんかね？」といって顧問弁護士契約を結びました。

月に3万円の顧問料を支払うことにして半年経ちました。そのタイミングで、「実はA信金さんの根抵当を解除してもらいたい」と相談したのです。

半年間、毎月3万円をもらっている手前、弁護士としても断るわけにはいかなかったのでしょう。二つ返事でOKしてくれました。

弁護士が間を取り持つ形で根抵当を解除することができました。根抵当の返還に応じなかったら上のセクションまで話がいってしまうということで、支店長のところで話がまとまって担当者が動いてくれました。

そして、根抵当が外れた5000万円はA信金から受けている融資の返済に充てさせてもらうことにしました。A信金からすると「現金を出すのは嫌だけど、今の法律ではしょうがない」という感じです。

A信金には借り入れが何本もありましたから、どこにどれだけ返済するのがもっとも効率がいいのか考えました。普通の経営者の考え方でいくと、最も金利が高いものに充てるということになるでしょうが、それでは芸がありません。

何しろ全部で十数本の借り入れがあるので、五十日《ごとうび》ごとに経理は返済に追われているわけです。これはメンタル的に地獄です。

返済の日になると朝、電話がかかってきます。

「横引さん、今日いくらいくらの引き落としがあるのですが、残高が不足してますよ」

「大丈夫です。今日は入金があるので15時までに持って行きますから」

14時半すぎに電話して、

「すいません、いまうちの営業が集金して帰ってきているところなのですが、道路が混んでて15時に間に合いそうにないんですけど、必ず持って行きますから」

といって16時ごろ、現金を握りしめて銀行の裏口にまでまわってブザーを押して出てきてもらい、お金を渡すというのを毎回やっていました。まさに自転車操業とはこのことです。

担当者は「横引さんも大変ですねぇ、がんばってくださいねぇ」と嫌味ったらしい言い方で言うのです。悔しくても、こちらに非があるのだから何も言えません。

こうしてやっと今日、返済できたと思ったら、5日後にはまた別の返済が来る。そのためのお金をつくるのにまた奔走しなければならない。息つく暇もないわけです。

そこで私は、金利は見ないで、とにかく本数をたくさん消せるように返済することにしました。

その結果、本数は5本減りました。すると、5日ごとの返済だったのが、次の返済は10日後となる時期ができたのです。「5日後」が「10日後」になるだけで、私も経理もグッと精神的にラクになりました。

## ありえない！他社のぶんまでリース料金を払っていた！

こんなこともありました。

なんと、電話機のリース代を他社のぶんまで払っていたのです。

住所も何もかも違う会社の料金が請求されていました。これはＮＴＴ側の請求のミスだったのですが、私たちの管理が杜撰《ずさん》なので、何年にもわたって払わなくてもいいお金を払っていたのです。それが56万円にも積み重なっていました。

NTTに連絡すると、もちろん平身低頭。テーブルいっぱいのお茶菓子をもって謝りにきました。

電話機のリース代は月に3000円ぐらいのものでしたが、積もり積もっていけば56万円ものお金になるのです。

ガソリンスタンドからオイル交換代金を水増し請求されていたこともありました。

わが社には営業や工事のために使う車両が十数台あり、すべて同じ整備会社に整備を依頼していました。

ところが、整備会社より割高のガソリンスタンドでオイルを交換してしまう社員がいました。ガソリンスタンドなら給油のついでにやってもらえるけれど、整備会社にわざわざそのためだけに車をもっていくのは面倒だからです。整備会社でオイル交換するように指示しても従わない社員がいたのです。

あるとき、先日オイル交換をしたはずなのに、すぐにまた同じ伝票がそのガソリンスタンドから出されていることに気づきました。うちはこんなに頻繁にオイル交換するような会社じゃないのにおかしいなと思い、過去を遡って伝票を調べてみました。するとおかしな伝票がたくさん出てきました。試しに1台だけオイル交換の履歴を追ってみると、絶対に行っていないはずの伝票が出されているということがありました。これは間違いないと確信しました。架空請求です。

ガソリンスタンドにクレームを入れようと思いましたが、うちも完璧にチェックしていないからすべてが架空請求だとはいえません。しかし、相当分、架空請求があるだろうということでガソリンスタンドの社長に詰め寄りました。

結局、半分は違うだろうということで決着し、その分の料金は返してもらえることになりました。それで86万円返ってきました。

この一件では、相手先に対してひどい会社だなと思うのと同時に、自分たちの管理の甘さに恥ずかしくもなりました。

「あそこはザルだから、わかりゃしねえよ」と弱っている会社を食い物にする人も出てくるのです。

## 額面以上の効果がある取引先から先にお金を返す

さまざまな非効率を見直していくと、すぐに1年で500万円くらいのまとまったお金が返済に回せるようになっていきました。

それまで仕入れ先の会社からの中央グループに対するイメージは、「一気に回収することは現実的じゃないし、この状態を続けるしかないな……」という感じだったと思います。

取引を止めたくても、そのせいで倒産でもされたら回収できなくなってしまうから手を切ることもできない、というのもあったでしょう。そうして売掛金（私たちにとっては買掛金）が増えていったのだと思います。

通常、借金の返済は「うるさいところから」と言われています。しかし、私はそうではなく、「10万円返したら10万円以上の効果があるところから返していこう」と考えました。

そこで貯まったお金を10万、20万と小出しに返していくのではなく、３００万円ぐらいのまとまったお金で返済することにしました。

それも振り込みではなく、帯封付きの現金を、直接先方に持参するのです。

「御社には長い間、ご迷惑をおかけして本当に申し訳ありませんでした。やっとお返しができるようになってきたので、御社に最初に持ってきました！」

どの会社にも「御社に最初に」と言うのです。すると、先方は驚いて一気に私のファンになってくれ、支払いを滞らせていたのはうちなのに、「払ってくれてありがとう」と感謝されることさえありました。

芝居がかった演出が奏功して、そのあとは以前にもまして融通が利くようになりました。

支払いを少しの間待ってくれたり、優先的に資材を回してくれるようになったりしたのです。これが「額面以上の効果のあるところに払う」の意味です。

## 税金はまず支払う意思を示すこと

次は税金の不払いです。

役所から呼び出しが来たときは絶対に行かないとダメです。まず行って、状況を説明し、支払う意思を示すことが大切です。

それを、理由をつけていかなかったり、景気が悪いとか不渡りが当たったなどと他人のせいにしてまじめに払う意思を見せないから、税務署も「払う気がないなら差し押さえるしかない」という判断になるのです。

毎月の入金と出金状況を開示して、毎月これぐらい払っていけるというのを示せば、役所も人の子ですからわかってくれます。

税金の滞納額は金利分を含まない本税だけで6985万円で、金利がついて毎日2万7942円も増えていました。

役所から呼び出されることもしばしば。労働保険料のときには「滞納分の返済を毎月300万円ずつしなければ、工場を差し押さえる」と役所でさんざん説教され、「お前なあ！」と机をバーンと叩かれたこともありました。

このときは他にも都税・区税・消費税・法人税・源泉徴収税などの支払いがあるこ

とを説明し、労働保険に払えるのは月30万円しかないのだという資料をつくってもっていきました。

当然、先方は納得しません。けれど、私はこう言いました。

「私たちは払う意思はあります。ですが、差し押さえられると仕事ができず、会社が潰れてしまう。そうなったら返したくても返せません」

税金の滞納については、財産の差し押さえができるのは、滞納者が支払う意思を示さないときだけ。差し押さえは支払う意思を示さないものに対して行う強制執行なのです。

私はこのことを知っていたので、呼び出しの通知には素直に従いました。何度か3時間もこってり絞られることがありました。

先方にはだいたい13時か14時ぐらいに来るように指定されますが、その少し前に「すみません、いまようやく打ち合わせが終わって今から向かいますが、ちょっと遠いので16時ごろになってしまいそうです。でも、必ず参りますので！」と電話しておきます。

すると、向こうはお役所ですから、自分の帰宅時間が遅くなるのは嫌なので、自然と追及される時間が短くなります。最後には「わかった！　だけど、一度でも遅れたらすぐに差し押さえますからな！」といって諦めてくれます。

当時、私は役所あてに「今度、支払いが遅れたら差し押さえをされても文句は言いません」という誓約書を何枚も書きました。

しかし、これも最初の3か月だけ支払いが遅れなければ大丈夫でした。3か月以上怒り続けられる人もいないのと、4か月以降は納付期限前に電話連絡して、5日間だけ支払い期限を延ばしてもらえるよう交渉すると、5日ならばとOKを出してくれるのです。

納付するときは現金を直接、役所に持っていきました。担当者に「来なくても振り込めばいい」と言われても、「いえいえ、滞納したのはうちですから」といって毎回、顔を見て納付していると、相手も人間ですから「あそこの若いのはよくがんばっとる」という感じになってきます。実際、そうやって信用を積み重ねたおかげで滞納金を免除してもらったことが何回もありました。

## うまくいかない会社の四大口グセ

うちがラッキーだったのは会社に30数年という歴史があったため、吹き溜まりがたくさんあったことです。新聞や保険などお付き合いで入っているものや、交換条件で契約していたものが、見直したらボロボロ出てきました。

家計でもよくありますよね。携帯電話のプランが高いものになったままだったり、今はもう使っていないサブスクの契約がそのままになってずっと払っていたり。これを防ぐには定期的に支出を見直して、本当に必要な出費かどうかを検証しなければいけません。

会社の場合、社歴が長くなってくると、もう辞めてしまった社員にしかわからないような費用がたくさん垂れ流されているものです。それがいつのまにか聖域になってしまって、誰も手をつけてはいけないものになってしまっていることもあります。

そうしたアンタッチャブルなものを「聖域なき見直し」をして洗い出していったのです。

当時の社内でよく飛び交っていた言葉が次の4つです。


「一発ヒットさえすれば……」

「今までこうやってきたから……」

「昔は良かった」

「やっても無駄」


私が借金返済に動き始めたころ、社員は冷ややかに見ていました。

「そんなことは俺たちがずっと昔にやったけれど、無駄だった」

「慎次郎が来て、いろんなことが締め付けられて会社がギスギスしている。昔のほうがよかった」という声も聞こえてきていました。

経理ではこんなこともよくありました。

まだそのころは手書きの作業が多い時代で、同じ内容の請求書を何枚も一から手書きで書いているのです。「なぜ同じ請求書をいくつも書くの?」と聞くと、「いままでそうやってきたから」というのです。

当時はWindowsXPが登場してしばらく経っており、多くの会社が見積書や請求書など文書をどんどんデジタル化していました。先方からの文書もデータでのやり取りが増えてきていたのです。

私はおかしいと思いました。X社にはx、Y社にはy、Z社にはzの伝票を書かないといけないというのならまだわかります。けれど、内容が同じであれば、パソコンで請求先だけ変えればいいことです。

私がおかしいと思うことを指摘していくと、ほとんどの場合「以前からこうしてきたから」という言葉が社員から返ってきました。これは何十年も続いている会社にはよくあることです。

こういうときには、私は「目的は何?」と聞いて、相手が答えたら「その目的はこの方法でも達成できるよね?」と話して改革していきました。

でも、最初はやり方を変えることをみんな嫌がります。やり方を変えると、新しい方法を覚えなければならず、手間がかかるし、面倒だからです。

そういうときは先代の社長の力を借りていました。例えば、こういう感じです。昔からいる年配の女性の経理部員がどうしてもやり方を変えることに同意しません。そこで私は策を練りました。

経理部長が先代から厳しめに怒られている場面をつくります。それを黙って隣でその女性の経理部員に聞いてもらいます。最後に経理部長が「今度からこういうふうにやるから、いいね？」というと、素直に「わかりました」と言うのです。

経理部員は自分が怒られていないからこそやらないわけにいかなくなるのです。落としどころをつくっておいて、そちらへ誘導していくわけです。

女性のベテラン社員たちにはこの方法をよくやりました。彼女たちはダイレクトに怒られるとプライドがあるから従わないけれど、人が怒られているのを見ると申し訳ないと思うようです。

私と先代と経理部長はいつも一緒に昼食を食べて、そんな作戦会議をしていて、経理部長にはよく怒られ役をしてもらっていました。

一発当てれば返せるなんていう話になったときには、「そんなの小学校の運動会の一等賞みたいなもの。そんなセピア色の写真を大事にしていてもダメでしょ。今は撮った瞬間にカラー写真で出てくる時代なんだから」とよく言っていました。私は、昔の栄光にすがっているのは、かっこ悪いと思っているのです。

一度成功を手に入れると、「成功の囚人」になるといいます。成功するとそれが忘れられず、同じやり方ばかり選択してしまいます。そのほうがラクだからです。

でも、時代は流れるから成功も長くは続きません。それでも成功が忘れられないでいると、新しいやり方を採用できなくなっていきます。

自分から牢屋に入っていって出ようともしない。扉は空いているのに、です。

ヴィーナスフォートのときに一瞬儲かった時期があるので、その経験が忘れられないのでしょう。ただ、それも一時的なもので、大きな現場は手間がかかるので人件費もかさんでいたでしょうから、利益としてはそれほど残らなかったはずです。

つまり、売上が一貫してそれなりにあったのですが、どんぶり勘定になっていたために高コスト体質になっていたのです。だから利益が残らず、借金だけが増えていました。贅肉ばかりついていたから、筋肉質なものに体質改善しようというのが、私が行った改革でした。

## ズルい大人になるな、現実を直視しろ

私たちのように改革をすればぐっとよくなる会社は多いと思います。それなのに実行しないまま会社が停滞、衰退している。やればできるのに、やらないのはなぜか。

それは、「ズルい大人だから」だと私は思っています。

大人はすぐに横文字を使って、難しい言い回しをして、できない理由を正当化しようとします。私は、それはズルいことだと子どものころからずっと思っていました。

私は社員にも問いますし、自分にもこう問いかけます。

「できたほうがいいのか、できないほうがいいのか」

できたほうがいいのにやるのは嫌だという。それではできるわけがありません。できたほうがいいと思っているなら、やるしかありません。

前もこんなことあったけど、なんとかなったし。

そんな面倒くさいことをしなくてももっと他にいいやり方があるはずだ。
そんなことやっても変わらない。

口にはしなくても、本心はこういう思いがあるのです。
「そんなこと」というぐらいだったら、やってみればいい。やらないから変わらないのです。

自分の人生の主人公は自分だけど、それはドラマや映画のものとは違います。ハッピーエンドが待っているとは限りません。行動した結果、自分が望んでいた通りのものになるかどうかもまた別の話です。しかし、行動を起こした人だけが結果を見ることができるのです。

## 目標は掛け算で達成する

借金を返済するときには、「なんとかなる」と思い込むことが大事です。しかし、「どうにもならん」という自分もいて、「なんとかなるという根拠を示せ」といってくる。

この対立が私の中でいつも起こります。

「どうにもならん」という自分は、ダメな根拠を出してきます。これは出てきやすい。このダメな理由を一つひとつ潰していけばいい——というのが、借金に対する私の考え方でした。

会社が破綻した状態というのは、借金の金利の返済分が大きくなりすぎて、返済をしても元金を減らせない状態になったときです。

幸いなことにわが社はそこまで追い込まれてはいませんでした。返済をしながらも、元金を減らすことができていました。しかも、当時の私はまだ20代。時間をかけて返済し続けていけば、いつかはきっと返すことができるはずと思えたのです。

私はずっと際立つものがないまま学生時代を過ごしてきました。そこに多少の劣等感もありました。そんな自分でも際立つものをつくれるとしたら、継続するしかないと思ったのです。

何かを決めて続けることは誰でもできます。何かを極めるには1万時間が必要と言われていますよね。1日3時間ぐらい頑張れば、1万時間は8年6か月ぐらいですから、10年もすればだいたいのことはできるようになるのです。

幸いにして若かったので、自分には時間だけはあると思っていました。

夢や希望、目標を叶えるのには次のような公式があります。

## 夢・希望・目標＝いまできること×時間

夢・希望・目標が大きいのであれば、「いまできること」を増やすか、「時間」を増やすか、もしくはその両方を増やすことです。時間があるならじっくりできますが、時間がないなら努力の程度を増やす必要があります。

できることが小さければ、うんと時間をかければいい。そのうち「できること」が増えていくので、掛け算の結果が雪だるま式に増えていきます。

だから9億の借金を返済したいという希望は、毎月1万円を9億円ぶん時間（9万時間）をかければいいわけです。「いやいや、そんなに時間はかけられないよ」というのであれば、2万円、3万円にするしかない。単純な掛け算の理屈です。

なぜ掛け算なのか。

0と1は使ってはいけません。ゼロというのはやらない、時間をかけないということ。

1というのは人並み。夢、希望が大きいのであれば人並み以上の努力が必要ですから、必ず1・1以上の数字にしなければなりません。

そうしてコツコツやっていれば、急に壁をぶち破れるときがあります。勉強でもわからないところで詰まっていても、ある日突然わかる日がくることはよくありますよね。

借金返済でも会社経営でもそういう時期がくるのです。そのために、人並み以上の努力を、積み重ねていくしかありません。

第2章

# 積小為大、
# 1を積み上げ
# 大と為す

## 一つの積み重ねで大を為す

借金を返済するためにやっていたこととして、「1日1万円貯金」があります。

中央シャッターは町場のシャッター屋さんとして住宅や店舗のシャッターを扱っているので、日銭が入ります。一方で、横引シャッターは、ゼネコンや建築会社から締め日に合算してドカンと入金されます。

このころは経理を2つに分けていて、通常業務は経理部長と経理の人たちが行い、借金返済については先代と経理部長、私の3人で担当し、実務は私が担うことになっていました。

私は中央シャッター担当の経理に「1日、いくらだったら減っても痛くない？」と尋ねました。「なかったと思ってそのお金をちょうだい、それを借金返済に回すから」というわけです。

最初は5000円というので、それじゃおもしろくないからと1万円にしてもらいました。1万円抜いたところで焼け石に水の会社だから痛くない、と経理も思ったようです。

経理が稼働している日に1日1万円だから、月に20万〜22万円貯まります。年に250万円ほどになります。

使っていない銀行口座をひとつ借り、通帳をポシェットに入れて管理し、毎日1万円増えていくのを楽しみにするようになっていきました。


そのうち経理が「今日はないよ」というのです。「わかりましたー。じゃあ、明日2万円ですねー」といってその場は引き下がります。

次の日は「3万円ですね」、その次の日は「いいよ、いいよ、しょうがない。じゃあ明日4万円ね！」と。

10万円貯まったら経理部長と先代がいるときに、

「今10万円貯まっているんだけど、20万、30万になっても俺は絶対に回収するからね。約束だからね。いつくれるのか、社長の前で約束してよ」

と迫りました。すると、その日のうちに10万円くれました。そして次の日から遅れずに1万円くれるようになりました。

そして、横引シャッター担当の経理からも同じように毎月末に25万円欲しいといって、その通りもらうことになりました。これで年に300万円です。あわせて年に550万円です。

私は当時20代後半で、時間がかかってもやっていけばできると思えたけれど、周りの人はみなベテランばかり。頭もよくてキャリアがあります。でも、行動する前から諦めてしまっていました。

でも、1万円返したら確実に数字は減るのです。

社長がやると決めたらやり通せばいいだけです。

戦略とか経営とか難しいことよりも、これと思って決めたことをやり切る。そこができていないだけということも多いのではないでしょうか。

新しくやろうと決めたことが、時間が経つとあやふやになり、なんとか切り抜けられた経験によりそれに味を占めて、どんどんゆるくなっていきます。

先代の社長は諦めが悪い性格でしたが、私もそれを受け継いでいると思っていて、しつこい性格です。「俺はしつこいから、諦めさせるのは諦めたほうがいいよ」と当時の社員たちに伝えていました。どうせやるんだから、早くクリアしたほうがラクだよということです。この性格を社員たちもわかったのか、締めたのか、次第に協力的になっていきました。

## 「貯金箱理論」で借金を大きく返す

コツコツ貯めるやり方はほかにも応用しました。「自販機通帳」もそのひとつです。わが社は本社と隣接工場の他に5つの工場があり、計6か所に分かれていました。工場にはどうしてもデッドスペースが生まれるので、何か有効活用できる方法はないかと思案しました。そこで目をつけたのが自販機です。

飲料の自販機の電気代は夏場が3000円で、冬場が4000円です。場所を貸す人が得る利益は飲料1本あたり販売価格の1割にも満たないので1本あたり十数円程度ですが、1日に7〜8本売れれば黒字になるといわれています。

それでも「チリも積もれば」で、月に1万円にでもなれば御の字と思い、設置することにしました。基本的に社員が飲み物を買うのですが、それまでは近所の自販機で買っていたようなので、外に払っているものを会社に還元してもらおうということです。

何億円もの借金から見れば月に1万円は微々たるものですから、経理に「自販機の売上は、僕にくれない？」というと、「いいよ、自販機の売上なんかいくらにもならないんだから」と言ってOKしてくれました。

そしてまた使っていない通帳をもらって自販機の売上をすべてその口座に貯めていくことにしました。

電気代は工場のコンセントに差すので、私のところから出金はなく、入金しかありません。丸儲けなわけです（笑）。

自販機によっては、季節によって月の入金が1台あたり2500円のこともあれば、1万5000円ということもありました。6か所で年に50万円になりました。本当にチリが積もって結構なお金になったのです。

借金返済には「痛くない数字」を積み重ねていくことが大切です。痛い数字は目立つから見つかってしまい、返済に回せなくなってしまいます。痛くない数字は放っておいてもらえます。でも、放っておいたら時間が勝手に大きなお金にしてくれます。

大きなことも小さなことの積み重ねで成し遂げられるのです。これを二宮尊徳は「積小為大」といいました。

二宮尊徳は早くに両親を亡くし、農家の伯父に引き取られて育ちました。そんな少年時代、田植えのときに余った苗を集め、荒地を耕して植え、一俵の収穫を得たといいます。そこから「小さなものを積み重ねることで、大きなものに為る」の信念を得たのです。

二宮尊徳を持ち出さなくても、こんなことは小さいころから私たちはみんな教わってきたはずです。貯金箱で小銭を貯めていくと、いつの間にか大きなお金になっているという経験を誰もがしたはずです。そんな誰もが理解できる「貯金箱理論」を私は愚直に実行しただけです。

## 自分が理解できるレベルまで分解する

パズルの1マスだけ抜けていて、そのスペースを使ってマスを動かしていき、絵を完成させる絵合わせパズルがありますね。借金返済はあのパズルを攻略していくイメージで取り組んでいきました（実は私はパズルが好きで、テトリスなど永遠に続けられるほど得意なのです）。

パズルで考えるとはどういうことかというと、全部のマスが埋まっていると動かせませんから、とにかくまずは1マスだけ開けるスペースを考えます。

第1章で述べたように、5日おきに来る返済が10日になるように返済していくと、この10日間の間にお金をつくることができます。月に6回来る五十日の返済日を5回、4回と減らしていくわけです。

9億の借金を返済していくとき「どこから返済すればラクになるか」を経理に聞きました。

税金も給与も仕入れ先も「直近で言われたところ（返済をせまられたところ）」というのですが、これでは自転車操業から抜け出せません。そうではなく、どうすれば自分が精神的にラクになるのかを考えて、「返済のない10日間をつくる」としたのです。

なんでも片づけをするときにはコツがあります。たとえば、部屋を片づけるときは、部屋をうろうろしないで机なら机の上だけを片づけていく。教科書なら教科書、漫画なら漫画というふうに分けて、それぞれの山をつくる。その次に、漫画なら巻数順に並べていくようにするのです。

片づけが苦手な人は、部屋の中を、漫画なら漫画を探してウロウロしてしまいます。漫画のシリーズが1巻から30巻まであったとして、私なら10の位の単位でひと山にしてそろえます。まず1巻から9巻までの山をつくる、次に10巻から19巻までの山をつくる、最後に20巻から29巻の山をつくる。そうすれば、10冊ごとに順番に並べていけばいいだけです。30冊並べ替えるのは大変だと思ってしまうけれど、10冊ごとなら簡単です。

つまり、自分が把握できる、理解できる単位にまで小さく分解すればいいわけです。部屋の中が雑多でカオスになっているから把握できなくて、把握できないからやる気も起きません。まずは局地的に見て、そこだけ理解しようと努めるのです。

私は勉強嫌いでずっと過ごしてきたので難しいことはわかりません。だから、自分がわかるところまで簡単にすればいい、と考えるようになりました。

「自分がわかるところまで」というのが重要です。多くの人は、わかった気になって、あるいはわかったことにして、次に進んでしまいます。頭のいい人は、わからないことは恥ずかしいことだと思っているから、「わかった風」をつい装ってしまうのです。そうではなく、自分が本当にわかるまでバラしていくのです。わかったら、一個ずつ組み立てていく。そうすれば、難しいことが理解できるようになります。

プラモデルだって完成形を見れば複雑そうだけれど、細かくバラしていけば一つひとつは単なるパーツに過ぎないし、パーツ同士はそれほど難しい組み方をしているわけではないから、誰もができます。

私は「自分はバカなんだから時間が人の倍かかってもしょうがない。1がわからないなら、0・1を積み上げていって1にすればいい」と思っていました。

## デキない社員を集めて奮起させる〝慎次郎組〟

先代は社員のクビを絶対に切らないことをポリシーとしていました。本人が自分から辞めると言い出さない限り、クビにすることはありませんでした。

それは創業当時、応募しても誰も来ない、雇ってもすぐやめるというので、人を確保するのに苦労していた経験が背景にあるのだと思います。

業績が悪いとデキない社員が気になるものです。売上に貢献しない、いわゆる赤字社員には申し訳ないけれど、やめてもらうしかないと考えるのが普通の経営者です。

私たちも借金返済に追われていたとき、先代に余剰人員に辞めてもらったらどうかと話をしたことがありました。

そういうとき、私は決まって先代からお説教されました。

「いいか、人っていうのはな、1から順に10番まで順位をつけて、10番目をいらないといってクビ切ったら9番の人が一番下になるんだぞ。次は9番目を切って、その次は8番目、そのまた次に7番目……と辞めさせていったら、最終的には誰も残らないんだよ」

延々と3時間はお説教が続いたものです。

だから、私は働きの悪い社員たちをどうしたら会社の戦力に仕立て上げられるのかを考えました。

税務署や仕入れ先との交渉が一巡してルーティン作業になり出したころ、まずはじめたのは工場まわりです。

当時の経理部長から工場をまわるように言われました。社長の息子だから呼び出せばみんな来てくれるけれど、そうではなく、自分から行って人間関係をつくりなさい、と言うのです。

正直、面倒くさくて最初は渋っていたのですが、工場をまわっていると仕事がなく、所在なさげな人が何人もいることに気がつきました。仕事というのは、できる人のところに集まるもので、そうでない人は仕事を任せてもらえないからヒマなのです。

そういう人たちを集めて工場の改修工事をしようと思い立ちました。

そのころの工場は、壊れた箇所だけ直すのを繰り返したせいで、つぎはぎだらけで見栄えが悪くなっていました。工場は本社のほかに、綾瀬、八潮《やしお》、垳《がけ》、伊勢野、三郷とありました。

総務・経理の仕事を毎日14時には終わらせて、そこから工場まわりをすることにしました。八潮、垳、伊勢野は八潮市で、もうひとつの三郷工場も近いですから、夕方までには回り終えることができます。

はじめは観察して、ヒマそうな人に声をかけていきました。口下手な人が多いから、仲間とのつなぎ役になったり、次の仕事のことなど本社の情報を先に流してあげたりするようにしました。

また、何かにつけて雑談するようにし、ボディタッチをしながら大げさに笑って、話しやすい雰囲気をつくるなど、私なりに考えて彼らに接して信頼関係をコツコツ積み上げていきました。

考えたのは、計5つある工場のうち、稼働せずにガラクタ置き場になっていた伊勢野工場を、お金を生む（役に立つ）工場にすることです。

そこで、各工場の余剰人員たちの手を借りることにしました。毎日見ていると誰ができる人で、誰がヒマなのか、わかるようになってはいたのですが、直接指名することはせずに、自然とあぶりだされるような方法を考えました。

稼働している4つの工場の人たちにそれぞれ、1日工場を休んで伊勢野工場を掃除してほしいと伝えたのです。もちろん、休めない人は仕事を続けていていいからと。

Aランクの人たちは本業にいそしみ、掃除をするのがBCの人たちになるので、自然とBの人が指示してCの人たちを動かすようになりました。

そこでCの人たちを見つけて、それぞれの所属長のところに掛け合うのです。「○○さんだけ貸してくれない？」というと、大して影響ないとばかりに簡単にOKしてくれました。それが全社員100人中6～7人いました。この人たちを私の中で「慎次郎組」と名付けて、本業が忙しくなったらいつでも返すことにして借りました。

彼らを集めて私はこう言いました。

「あなたたちはみんなからこういう評価なんだよ？　そんなの悔しいじゃない？　だったら腕磨こうよ」

## 「借りる立場」から「貸す立場」へ

そうして、伊勢野工場に行ってまず掃除からはじめました。工具や材料など散らかっているのを片づけて整理する。蛍光灯や電球も使えるものとそうでないものを区別して置き場所を決める。元電気屋さんの従業員には、転がっている配線をつなぎ合わせて一本の長い電線にしてもらう、といったことをはじめました。

伊勢野工場には先代がため込んだスクラップがたくさんありました。先代がもったいない精神で、一か所に集めてスクラップ置き場にしていたのです。

もとはお客さんのところで取り換えた古いシャッターで、スクラップにも出せずに重なり山になっていたので、それをキレイにして工場の仕切りの壁として活用することにしました。そこにペンキだけは買って塗ろうといって、統一した色にしたりしました。

そうやっていくと工場が次第にきれいになっていきました。手元が暗いからと勝手に増設したせいで向きがバラバラになったり、不揃いに設置されていたりした蛍光灯も整理してきれいに並べ替えました。

これで工場の雰囲気が一気に明るくなっていきました。

最初は工場の掃除を邪魔だと渋々認めていたAランクの人たちも、工場が次第にきれいになるのを見て文句が出なくなりました。それどころか「(邪魔にならないなら掃除を) やってもいいよ」から「いつやってくれるの」になっていき、私のほうが立場は強くなっていきました。

「1日だけひとり貸して、忙しくなったらすぐ戻すから」という条件で人を借りて、それが2日、3日となると、その人はもう私の側の戦力になってきて、私が戻して「あげる」立場になっていったのです。これを各部署でやりました。

自分の領土を少しずつ拡大していくみたいな感じですね。慎次郎組は最多時で20人の部隊になりました。

工場改修ではスクラップの山の中から鉄を溶接して間仕切りをつくったりしましたから、そこで溶接の腕を磨いた人もいました。そういう人は何人もいなかったけれど、ゼロでもなかったというのが実態です。

## 叱るときは〝公開処刑〟

B、Cランクの人たちを動かすにはコツがあります。叱り方も違ってきます。

「あなたはそんな実力じゃないだろう！」といって叱るのです。

仕事が遅かったり、質が悪かったりすると、

「あなたの実力を見込んで、工場に入ってもらっているのにこんな仕事するんだったら、あなたじゃなくてもいいじゃないか。あなたが来てくれたら1日かかるのが半日

で終わるとか、2時間早く終わると思って期待して頼んだんだから」などと、みんなの前で〝公開処刑〟をするのです。普通はみんなの前で叱ってはいけないといいますよね。でも、私はみんなの前で叱ります。だけど、それは「期待している」という言葉とセットにするのです。

すると、周囲の人も慎次郎は彼に期待しているのだなとわかります。

本人も怒られることは恥ずかしいことで嫌なことなのだけれど、同時に私から期待されているのだ、必要とされているのだ、ということがわかると誇らしい気持ちが出てきます。本人は自分が手を抜いたことはわかっているので、まずかったと思うはずですし、期待されているのだからがんばろうと思うはずなのです。

ダメだから怒るのではなく、期待を伝えて奮起を促していくわけです。

## 「恩を売る」を最大限に生かす

社員への給料遅配のことにも触れていきましょう。

このころ100人を超える社員がいましたが、遅配ぶんの総額上位44人まではそれぞれに１００万円以上の遅配がありました。

最初に経理担当者に給料の遅配ぶんのうち１００万円を渡しました。

なぜ１００万円にしたのか。

10万円や20万円でコツコツ返していくと、「もらって当然のものを返してもらった」という意識にしかなりません。でも、これが１００万円ともなると、「もらっちゃっていいんですか！　ありがとうございます！」ということになる。

「いいよ、いいよ、こっちが遅配してたんだもん。いつもがんばってくれているんだから当然だよ」

なぜかこっちが恩を売ったみたいな感じになるのです（笑）。


まず経理に遅配ぶんを渡したのには理由があります。経理は誰の給料がどれだけ遅配しているかを知っているので、自分より多く滞っている社員が誰なのかもわかっています。にもかかわらず、自分に最初に払ってくれたとなれば、次回からほかの人に支払うときに邪魔はされません。

そのあとは１００万円貯まったところで、順に他の社員に払っていきました。そのときには私と先代社長、経理部長を前にして儀式のようにして渡しました。やはり100万円もドンと返ってくると驚いて、いたく感謝してくれます。

社員100人の家族構成もすべて頭に入れていましたから、本人が言わなくても周囲からのうわさで私の耳に入ってくる情報があります。たとえば、「○○さんの娘さんが今度、結婚するらしい」とか。

そういうときは結婚式の何か月か前にはお金をつくっておくのです。400万とかのお金にして、よきタイミングでポンと渡すのです。

ただし、これも貯まっていた遅配ぶんを返しただけ。けれど、本人からすると、「こんなにもらえるとは思っていなかった！」となるのです。

そうやってドンとお金が入ってくるのをみんな経験しているので、その後、5万円、10万円の遅滞は文句を言わなくなります（笑）。普通に考えたらおかしいことなのですが、以前はもっと異常な世界にいたから、逆に「もらえてありがたい」となります。

これを知って「恩を売る」ということを心底理解した気がします。

## あえて貸しをつくって人を動かす

社員に対して何かをやってあげるときは、わざと恩着せがましくやって貸しをつくっていきました。

誰かが上司に怒られているのを見たらチャンスです。

「どうしたの？」と近寄っていって、事情を聞きます。上司のほうを否定すると、その上司から恨まれるので、「そりゃ、○○さん怒られてもしかたないわぁ。でも、もうこれでわかったよね？　これから気をつければいいんだから」といってその場を収めます。

すると、本人は逃げるようにその場を去ろうとするのですが、立ち去る一歩手前で呼び止めて、「○○さん、今のはひとつ〝貸し〟でいいんだよね？」。すると、いいえとはいえないわけです。

翌日の朝礼でも「昨日、誰か怒られていた人いたよね。○○さんだっけ？　あれって貸し1でいいんだよね？」とダメ押ししておくのです。

でも、この「貸し1」はすぐには使いません。最低、半年は寝かせておく。そして、ちょっと頼みにくい仕事ができたときに使うのです。

申し訳ないんだけど……といって仕事を頼み、「いくつか貸しがあったよね、それ使わせてもらっていいかな？」と言うのです。すると、その人も「わかりました」と納得してくれます。

そもそも、そんなことをしなくても仕事を依頼することはできるのです。労使関係というのはそういうもので、給料が発生している勤務時間中は上司の指示に従わなければいけません。だからといって普通に指示するのではなく、「貸しを使わせてもらえないかな」と言ってやってもらう。そのほうが本人もやろうという気になると思います。

仕事は楽しくやったほうがいいですが、楽しいだけではありません。嫌な仕事、やりたくない仕事、気乗りしない仕事があります。しかし、仕事だからやらなければいけない。どうせやるなら、楽しく、納得したうえでやるようにしたほうがいいに決まってます。

それに楽しく、納得したうえでやったほうが、仕事の効率は格段にアップします。嫌な仕事を振られただけなら嫌々仕事をするだけですが、「貸しだからしょうがねえや」と思ってやるのとでは気分が違うはずです。

「慎次郎さんにお願いされちゃあしかたねえ。オレも借りがあるからよ。めんどくせえけど、やるよ」と愚痴を言いながらでもできる。「貸しがあるんだからやってよ」というと、みんな事情を知っているから笑う。そうやって笑いが出てくるようになって、職場の空気が変わっていきました。

暗黒時代はみんな朝から疲れた顔をしていて、死んだ魚のような目をしていましたから、それから比べると大きな変化でした。

## 〝シャッター三国志〟を終わらせて起こったこと

効率化のために部品の共通化をしたこともありました。

シャッターの種類のひとつにXという製品があります。よく古いアメリカ映画でエレベーターの前に設置されている、横に開く扉のことです。この製品の市場は、東日本ではわが社と他の2社で大半を分け合っていました。

施工主からエレベーターを受注したエレベーター会社が、今回はA社、次はB社という具合に仕事をうまく振り分けて、3社が共存している状態です。

製品はほぼ同じで、価格もそれほどかわらない。そのかわり3社とも薄利でやっている状況です。違うのは、各々の部品の大きさが、ほんのちょっと、1、2ミリ程度違うことだけです。おそらく、各社がそれぞれつくったのが、そのままになっているのでしょう。

修理依頼が来て、現場に行ってみると、わが社が設置したシャッターでないことがあります。修理箇所によってはシャッターそのものを交換してしまいましょう、ということもよくありました。なぜなら、部品一つを一からつくろうとすると交換よりも高くついてしまうからです。

営業から「ある程度、古くなってきているからシャッターごと新しいのにしませんか?」と言われるとお客さんは、「それならしかたない」となる場合がほとんどです。部品を交換すればまだまだ使えるのにもったいない話です。

こうして、A社B社と三つどもえになっているばかりにお客様に余計な費用負担をお願いしなければいけない状態が、ずっと続いていました（これを私は「シャッター三国志」と呼んでいました）。

そこで、どうにかして部品を共通化するか、部品を融通してもらうことができないか、考えました。

あるとき、Ａ社の常務さんと会う機会があったので言いました。

「もうこの三国志時代は終わりにしませんか？　結局、一番困るのはお客様じゃないですか？」

商売敵だからといって部品を渡さない、というのではなく、部品を融通できるようにする。そこには自分たちの利益もちゃんと乗せる。だけど、新たに部品を一個つくるよりは安くなるからお客様も喜ぶ。修理をする会社も、部品を提供する会社も、お客様もみんな喜ぶのです。

その常務さんは同意してくれました。ところが、そこから話がまったく進みません。

そうこうしているうちに、消費税が５％から８％になる２０１４年のとき、駆け込み需要が多く発生しました。

そこで私は500万円ぶんの仕事をA社に発注しました。私たちの製品の売値が10万円以下なのに、その仕事を500万円ぶんも他社に渡したわけです。

するとA社の常務以下6人が飛んでやってきました。A社からすれば、「横引さんはもうこの製品をつくらなくなったのか」と思って視察にきたのでしょう。「今回のご注文ありがとうございます。ところで、どうされたんですか？　何かあったんですか？」と言うのです。

「違うんですよ。うちは工場が手一杯で、社員に徹夜させることになってしまう。やればできるだろうけど、させたくない。だったら、うちも全然利益がないわけじゃないから、お願いしようと思ったんです」

「なんだ、そうだったんですか〜」といって帰っていきました。

それがきっかけになって、お互いに部品の売り買いができるようになりました。

私たちがA社の製品の修理を頼まれたときはA社から部品を購入するし、逆の場合も同じようにします。部品を売るだけの場合でもちゃんと利益を乗せるから、悪い話ではありません。それでいて、一から部品をつくるより安く上がるから、お客様にとっても好都合です。

## 最初はパクる、そのあとカスタマイズ

部品が共有化できることによるコスト削減効果は意外なほど大きくて、自社製品でもこれを進めました。

シャッターを動かすための滑車（私たちはコロと呼びます）が、以前は直径が23ミリ、23・5ミリ、24・5ミリ、25ミリと4種類ありました。大きなレールのところに小さい滑車を取り付けることはできてもその逆はできません。

0・5ミリ違いだと見た目は区別できないぐらいの差ですが、ピッタリはまっていないと共有できない場合もあり、それぞれの在庫を持つ必要が出てきます。

昔からこの状態は続いていて、先代なら知っているはずですが、古株の人に聞いても、大きさがなぜ違うのか明確な理由はわかりませんでした。

おそらく現場に合わせてつくったときに、「これじゃ合わないから0・5ミリ大きいものをつくって取り付けよう」となって規格が増えていったのでしょう。

そこで私の結論としては、0・5ミリの違いの意味があるのであれば、意味があるほうに寄せることにして23ミリと24ミリの2つに集約することにしました。

これによってたまにしか使わない2種類の在庫を持つ必要がなくなりました。

また、工場での工程を減らすことにも取り組みました。うちの会社は貧乏でしたから機械を導入することができなかったため、人海戦術でやってきたところがあります。手作業でずっとやってきていて誰もそれが大変だとは思っていません。

何が普通で何が異常かは、比べる対象があってこそ気づきます。比べる対象がなければ、よその人から見てそれがどんなに異常でも、そこにいる人はそこでしか過ごしたことがないので、それが「普通」になってしまうのです。

このことを私は「ゴミ屋敷の住人」といっています。ゴミ屋敷の住人は、自分で異常な状態だと思っていませんから、誰かが来て片づけてもその何か月後かには元通りのゴミ屋敷に戻ってしまいます。ゴミ屋敷の住人にとってきれいな状態は異常なので、反対に落ち着かないのです。

会社でもこれはよくあることで、他社と比べることがないので自社の異常さ、特異さに気づきません。

経営セミナーなどを受けた社長さんたちはよく言います。

「でも、うちは特殊だからね」

それはそうなのです。他社で成功した方法は、その会社だから成立したのです。

「うちは特殊だからあのやり方は無理だよ」といって思考をストップさせてしまわずに、「あのやり方をうちにあてはめたらどうなるか？」を考えるのが社長の役目ではないでしょうか。

社員の場合は、比較する対象がないからそもそも今のやり方が異常であることに気がつきません。どんなに異常でも「そういうものだ」としか思えないのです。でも、人から「これっておかしいでしょ。こう変えたほうがよくない？」と言われてはじめて「でも、変えるのは大変」というのが出てきます。

今うちの会社では工具や機械などを新しくしていこうと私がみんなに呼び掛けてい

ます。効率を高められる道具はたくさんあるのですが、それを知らないだけということも多々あります。

なぜ知らないのかというと、外の世界に行ったことがないからです。同業他社に行ったことがなければ、「そういうものだ」としか思いません。だから、今やっていることが一番いい方法だと思っているし、大変だとも思っていないのです。

職人は「うちは特殊だから誰もができるわけではない。だからこれくらい手間がかかって当たり前なのだ」と思っています。これはつくり手が陥りやすい錯覚です。「オレは難しいことをやっているんだ症候群」です。


職人はものづくりが好きであればあるほど手をかけてしまって効率が悪くなっていきます。これを防ぐには社長がマネジメントするしかありません。このとき社長がプレイングマネジャーだと「仕事ってのはそんなもんだ」になってしまいますが、マネジャーに徹すると「いやいや、そこにそんなに手間暇かけるんだったら、世の中にはもっといい道具があるんだから、こういうのを使ってラクしようよ」と提案できます。

もちろん社員は、最初はなかなか聞き入れてくれません。特に古参社員ほど拒絶します。貧乏体質が染みついているから、「いや、社長そんなの買わなくてもいいですよ。そんなことにお金使わなくても時間をかければできる」というのです。そこを説得するのもマネジャーである社長の仕事です。

ただし、他の会社でうまくいった方法をそのまま丸パクリは通用しません。エッセンスのところだけを取り入れて、「さて、自分の会社でこれをどう応用できるか」と考えてみてほしいと思います。

世間ではあまたの成功法則が語られていますが、内容がまったく正反対のものだってあります。けれど、それぞれ成果を出しています。業種や会社の規模、その会社がどういう局面にあるかで「解」が違うから、そうなって当たり前です。

にもかかわらず、何か万能の勝利の方程式を求めるように探してセミナーに参考しているだけでは一生見つからないでしょう。

そんな方程式があるなら誰もが成功するはずです。そうではないから世の中はおもしろいのです。

## 平時のときに有事の訓練を

混乱期を少し脱して余裕が出てくると、「平時のときに有事のときのための訓練をする」ことを考えていくようになりました。たとえば、苦労した資金繰りの面においてです。

私は「社内短期借り入れ」というものをつくりました。

そのころになると、いつ手形が入るのか、いつ入金されるのかが読めるようになっていき、表を見ながら入出金の予定が立てられるようになっていました。「先の見えない経理」から「先を見据えた経理」にしようということで、その体制がやっとできつつありました。

そのときの最初の訓練はこうです。

400万円の手形が入ることがわかって、まず経理のところに行きました。そして、「これは不渡りになったことにしよう」といって、私が取り上げて金庫にしまってしまいます。そして、この400万円をあてにして組んでいた支払い予定を組み直すのです。

本当に不渡りが出てからパニックになるのでは遅い。不渡りになったと思って対処する術を学んでおけば、いざ本当に不渡りになったときに慌てずに済みます。

経理はブーブー文句を言うのですが、私も一緒にどうしたらあとの返済資金がショートしないでいられるか考えました。

だいたいそのときの経理は「○○万円はショートしてしまうので、さっきの400万円の手形を返してください」といってきます。

私はそうくることがわかっていますから、自分の考えを述べます。

「ここの支払いを待ってもらって、10日の支払いになっているけれど、頭下げて15日まで延ばそう。すると、ここから入ってくる。そしたらそのお金で回せるじゃない？」

といってショートしないやりくりを伝えるのです。

どこか一か所は頭を下げて待ってもらうようになりますが、かつては「いつ払ってくれるの?」「お金があったら」と返事していたのに、このころになると、信用ができていて「まあ、いいですよ」と言ってもらえるようになっていました。

すると、私の手元に400万円の手形を丸々残すことができました。本当にどうしてもやりくりに困って、「これ以上は無理だ」となって銀行から短期借り入れを起こすことはよくありました。そのとき、銀行から借りるのではなく、私の金庫からこの手形でもって工面するのです。経理には、

「その代わり、この400万円はいつ、どのお金で返済するのか、ちゃんと示して。それができたらこの手形を渡すよ」

というのです。人のお金なのに(笑)。

「○月○日に600万円の入金があるので、そのときに400万円返済します」と経理がいうと、実際にその日に回収しにいきます。そうして私の手元にある会社のプール金を少しずつ増やしていきました。これが増えていったおかげで、銀行から支払いのための短期借り入れを起こすことはなくなっていきました。

平時のときに有事の練習をしておくと、それまでは自分たちの意思はなく、誰かが

催促するから支払うという状況だったのに、自分たちでお金をコントロールできているという感覚が出てきます。このことの精神的な効果は大きいのです。

プール金はどれだけ貯まっているか私にしかわかりませんが、決算のときには数字になって出てくるため、当然ながら最終的にはごまかせません。プール金を貯め込んでいると決算のとき経理部長によく嫌味を言われました。

経理部長が「おやおや、ずいぶんとお金貯め込んでらっしゃいますな?」と言うので、「ダメですよ。あのお金はお嫁に行く先が決まってるんですからね(支払いのこと)。唾つけたってね、もっていけないお金なんですからね!」と私。私が会社に復帰して3年も経つ頃になると、こんな軽口が言えるようになっていました。

## 先代とは経験が違うから見ているものが違う

振り返ってみると、自分の父親が自分の勤める会社のトップで本当によかったなと思います。その一番の理由は、「社長は、私を悪いようにはしないはずだ」という絶対的な信頼感があったことです。

血のつながらない人であれば、「俺のためと言ってるけど、ほんとは俺のことなんか考えていないんじゃないか」という疑念が湧きます。けれど、父に対してはそれがいっさいありません。少なくとも、私をよくしようと思って言ってくれているのだと思うことができたから、決定的に反発することはありませんでした。

もうひとつは、「親父は会社をよくするためにやっている」という信頼感です。親父に言われて悔しくて睡眠時に奥歯が割れるほど食いしばってしまっているなんてことが2、3回ありました。でも、同じ山を登っているのだと思うことができたので、最後は納得できました。

同じ目標をもっているのに、考えていることがこれだけ違うのはなぜか？

それは単純にキャリアの差なのです。

父は社会人になって約40年、こっちは社会人になりたてのぺーぺー。同じ山の頂上を目指していても、私は山の1合目で見ているけれど、父は8合目にいるのだから見ている景色が違います。

「この合目の差だけ見えていない世界が自分にはあるから、父はああいう言い方をしたんだな、自分が同じ立場になったらきっとわかるんだ、だけど今はまだ辿り着いていないからわからないだけなんだ」と思おうとしました。

今は逆の立場になって、このことを思い出します。私からすると、若い社員が悩んだり、苦しんだりしているのを見て「いい経験をしているな」と思えても、本人は生まれて初めての試練に出くわし、必死で立ち向かっています。失敗するとわかっていてもあえて放っておくことだってあります。経験してはじめて腹の底からわかることもあるからです。

「なんで言ってることができないんだ！」と思いそうになることもありますが、そのときは自分のことを振り返って、キャリアが違うのだからしかたない、と思うようにしています。

ここがわかっていないと、優秀な社長ほどストレスをため込んでしまうのではないでしょうか。

## 6年で〝借金完済〟が見えてきた

私は自分が社長になるまでの10年間は自分の限界を知る期間であったような気がします。

私は先代に「社長にとって一番使い勝手のいい会社の駒は息子なんだから、最大限活用しないともったいないよ」と言ったことがあります。これは社長から息子に言う場合はＮＧですが、息子から社長に言うのならＯＫのはずです。

最高で56時間、寝ないで仕事をしたこともあります。

それは大阪に「りんくうプレミアム・アウトレット」ができたときのことで、個別の店舗の横引きシャッターだけでなく、ワゴンタイプの売店を製造する仕事まで引き受けてしまったのです。

しかし、この仕事は大変でした。やってもやっても品質が基準に達することなく不合格。やり直しの連続で徹夜の作業が続きました。職人さんは入れ替わっていましたが、私は工場でずっと付き添っていたので結局2日半も寝ることができませんでした。

夜間工事が1か月半続くこともありました。

これは山手線の半分の駅にホーム上の看板を設置する仕事をキオスクさんから受けた時のことです。ホームでの作業は終電から始発の間の夜間しか工事ができません。

しかも、電車は始発までの間も走っています。

そのわずか2~3時間の間しか工事ができないので、なかなか終わりません。結局、1か月半かかったのですが、ずっと夜間の仕事ですから本当に体がしんどかった思い出があります。

若いときに自分の仕事の限界を知ることは大切です。仕事の質はともかく量の限界がわかっていると、自分でブレーキを掛けられます。

限界の一歩手前まで行ってみることを繰り返して苦労するのは、それを学びにできるなら悪い経験ではないと思います。そこから何も学べないなら、単に嫌な思い出になってしまいます。ポジティブに受け取るのも、ネガティブにとるのも自分しだいなのであれば、ポジティブにとったほうがいいのです。

そうして夢中で仕事をしていて、気が付くと、あと数年かければ9億円を完済して無借金状態にすることができる状況にまでなっていました。

さまざまな施策が奏功して、社内の雰囲気もだんだんよくなりつつあり、手応えを感じるようになっていました。

# 第3章

# 社長がやるべきことは社員のモチベーションを上げるマネジメント

## 先代の急逝、会社復帰、11人での再出発

東日本大震災の混乱からようやく落ち着きを取り戻していた2011年12月26日、思いがけないことが起こります。

会議に出席していた先代社長が倒れ、そのまま息を引き取ってしまったのです。後継者としてとりあえず私が任命されたのですが、実はその後、実兄との紛争が勃発して私は一度、中央グループから退いています。

自分の思うとおりにやりたい兄と、創業者の遺志を継ぐ私の間に埋めようのない溝ができ、ここにはとても書けないような仕打ちを兄から受けました。結果的に計4度の裁判で争うことで終結させました。

一時は会社の存続も危ぶまれるほどでしたが、どうにか事態を収拾し、私が中央グループに復帰したのが、2012年12月のころでした。会社は分裂したようになり、社員は兄が新しく興した会社に行った人、会社に残った人、完全に辞めてしまった人というふうに3つの道に分かれました。

最終的に残ったのが佐竹専務を含め10人。私を入れて11人での再出発でした。

先代が亡くなった時点で会社の借金は2億円ほどになっていました。銀行の借り入れと、税金のうち本税についてはほとんど返し終わっており、あとは労働保険と国税の延滞金だけが残っていました。

借金関係より、まず大変だったのはお客様との信頼関係の修復です。

「現場に来るといってたのになんで来ないんだ！」

「前から連絡していたのに、全然返事が来ない。どうなっているんだ！」

などとクレームがバンバン入ってきます。

「すみません、担当していたものたちが事情あって辞めてしまいまして。本当に申し訳ありません！」と平謝りするしかありません。

契約書類なども破棄されていたので、「すみませんが、うちとの契約はどうなっていたか教えてもらえませんか？」「図面を送ってもらえませんか？」とみっともないお願いをして、毎月どうにか綱渡りを続けていました。

社員全員がオーバーワークだったため、くらだらない凡ミスも続きました。お客様にご迷惑を掛けてしまうことも多く、謝罪する日々でした。

一日が終わると、佐竹専務と「今日も会社は潰れなかった、よかったね」と言って夜中に工場の駐車場で明日の予定の確認を行うような日々でした。

そのころは本当に仕事が嫌になっていました。毎日、眠るときに明日が来なければいいなと思いながら眠りについていました。

仕事が嫌だなんて、アルバイトをはじめたころからこれぽっちも思ったことがなかったのに、このころだけは本当に嫌になっていました。

## 「なんてひどい社長なんだ」

当時の私はプツンと切れて、「そんなに俺の言うことが聞けないんだったら、あんたが社長やれよ」と社員によく言っていました。

親父の代わりをやっているのであって、好き好んで社長をやっているんじゃないんだ、すぐにでも代表を降りてやるよ、と。

最初は11人で以前の１００人分の仕事を回していきました。そこから縁故をたどったり、昔の社員を呼び戻すなどして、社員は徐々に増えていきましたが、仕事は超ハードですから、辞めていく人も多くいました。

そんな状況ですから、社員と顔を合わせると、辞めると言われるのではないかと怖くてまともに顔を見られない日々が続きました。

毎日、ドキドキして過ごしていたので、我慢できなくなって聞きに行きました。

「なぜこんなになっても文句言わないの？」

道具もなくて、材料もなく、その中で納期だけがある。その納期だって来週までの仕事があれば、翌日までに仕上げなければならないような仕事も急に入ってきて、その状態がエンドレスで続くのです。

3人の社員に別々に聞いてみました。

「会社がこうなったのはあなたのせいじゃない。だからあなたに文句を言うことはない。私はあなたから言われたことをやるだけだから」と3人とも言ってくれました。

そのときはもう涙が出る思いでした。

私のことを社長と認めてついてきてくれようとしているのがわかったとき、「俺はなんてひどい社長なんだ」と思わずにはいられませんでした。みんなは信じてくれているのに、「俺は好きで社長なんかやっている訳じゃないんだ」と毎日のように言っていたのですから。

会社で何が起こっているかよくわからなくても、やれと言われたからと夜なべして自分ができることを一生懸命やってくれているのにと、心底自分が情けなくなりました。

同時に、自分が背負っているこの思いこそが、社長の仕事なのだということに気づきました。そう思えた瞬間に、なぜだか肩の荷がふっと下りた気がしました。

要するに、私は社長としてやっていくことの覚悟ができていなかったのでした。社員のみんなからの信頼を感じることができて、今度は自分がちゃんと背負って、この会社を立て直していこうと覚悟が決まりました。

そして同時に、社員たちが自慢できる社長になろうと決意しました。

まずは外見から変わろうと考え、スーツから靴下、パンツまで、身に着けるものはすべてワンランク上のものに変えました。

社員たちが自慢できるかっこいい社長になろうと思っても実力がすぐにつくわけではありません。それならまずは見た目からかっこいい社長になろうと考えたのです。

それが2013年の2月のことでした。

## 社長、トップセールスマンになる

社員からの信頼に気づいて、「社員たちが自慢できる社長になろう」と決心してから、服装だけでなく、行動の面も変えていきました。

そのひとつは人脈づくりです。

まず、顧問の士業の先生などに交流会に連れていってもらいました。そこで会った人からパーティやイベントの誘いなどがあると、スケジュールが空いている限り顔を出すようにしました。

私はそれまでずっと総務の仕事ばかりで、社外に出ていくのは取引先との面会ぐらいのものでした。これがどのような結果をもたらすかはわかりませんでしたが、まずは行動することが先だと思ってはじめたのです。

新年会を1日で3件ハシゴしたことも何度もあります。1件目は始まる前に顔を出します。2件目は乾杯しているか、歓談のタイミングに訪れます。そして、3件目でデザートだけ食べるという感じです。


こんなことをするのは、社長はトップセールスマンであればいいと気づいたからです。


それを気づかせてくれたのは、安倍晋三元総理でした。

安倍さんは2回目に総理に就任すると、まっ先に東南アジアを歴訪しました。彼はそこに日本の経済界の人たちを引き連れていました。

そこで「日本の新幹線はどうですか？」などと、インフラ整備をメインとした日本の技術を売り込みにいっているのだと勝手に思っていたのです。

「そうか、社長はトップセールスマンでないといけないんだ」

と考えました。

それからは積極的に外に出て「外交」をすることが社長の役割だと思うようになり

ました。

## 売っても商売、買ってもらっても商売

社長がトップセールスマンとなって、これまでの「売る商売」に加えて「買ってもらう商売」もやっていきたいと考えました。

売る商売とはうちの営業部がやっている商売で、自分が主体となって、相手にこれどうですか、あれどうですかと提案して売っていく商売。買ってもらう商売とは、相手が主体になってこれが欲しいんですと向こうからやってくる商売です。

営業部門は売る商売で、私は買ってもらう商売をしていこうというわけです。

売る商売は、私たちはお客さんのことを認識していますが、買ってもらう商売では不特定多数の人に会社や商品のことを知ってもらい、お客さんのほうから来てもらわなければいけませんから、まずはうちに興味をもってもらうことが先決です。

そのためにＳＮＳを最大限に活用しています。無料で世界中の人に伝えることができる、こんなツールを使わない手はありません。まずFacebookをはじめ、パーティ

などで会いたかった人と会えたときに写真を撮ってもらい、載せるようにしました。今ではX（旧Twitter）やインスタグラム、YouTube、Tik Tokもやっています。

メディアからの取材はすべて受けます。あるとき、「若大将のゆうゆう散歩」（テレビ朝日）というぶらり散歩系番組の取材依頼がありました。制作会議に企画書を出してもいいかと、ディレクターが事前に来てくれたのです。

うちはそんなたいそうな会社ではないので、最初は断ろうと思っていたのです。「すいません……」といって頭を下げたのですが、上げようとする瞬間に「俺はバカだ、全国放送の番組が取材させてくれるなんてこんなチャンスはない。なのに、自分がテレビに出たくないというわがままで断るなんて！」と瞬間的に思い直し、「お願いします！」と答えていました。

私は社長になりたくなかったタイプなので、本当は前には出たくない。けれど、自分も会社の駒の一つだと思っているから、積極的に出るようにしています。

そうやって徐々に人脈が広がっていくと、いろんな会社の社長さんとも知り合いになります。うちの会社のことをしゃべってくれる「スピーカー」の社長さんはとことん大切にします。

中小企業の人たちはみんな「レッドオーシャンで戦うな、ブルーオーシャンで戦え」とよく言います。このブルーオーシャンの意味は新しい製品をつくって世の中にはないマーケットを生み出すことだとみんな思っているのですが、私が意味するところはまったく違います。

A社長の人脈には私がどんなにがんばっても入れないコミュニティが隠れています。A社長にスピーカーになってもらってそのコミュニティでしゃべってくれれば、私にとってそこはブルーオーシャンです。

Aさんを介して私たちの会社に仕事の話が来るのです。このAさんのコミュニティから年に1件でも注文が来れば、これはもうアタリです。こういう人を365人持とうと思っています。そうすれば、毎日仕事が生まれますからね。

## 「社長戦力外通告」を目指す

トップセールスマンであろうと考えたのは、「中小企業にとって社長は最大のリスク」という考えがあるからでもあります。

中小企業はよくも悪くもワンマンにならざるをえませんが、悪いほうに転がることもしばしば。「社長しか知らない」「社長にしかわからない」ことがとても多いことは先代のころから感じてきたことでした。

うちの会社も、カリスマだった先代のころから社長が言うことをそのまま社員が実行することで成り立っていました。しかし、先代ほどのカリスマ性がない私が社長になって、同じようなことができるわけがありません。

またそれと同じように、敷かれたレールの上を走らせるように社員を働かせていたら、会社の地力はいつまでも身につかないままです。

何十人もの社員とその家族が会社からの給料で生活しているわけで、たった一人の社長に何かがあったら、社員とその家族の人生が変わってしまうというリスクがあります。

そうであるなら、社長がいなくても通常業務が何の支障もなく回るような会社にしなくてはいけません。そこで私は「社長戦力外通告」を目指すことにしたのです。

通常業務は社長がいなくても支障なく回すことができるようになると、会社は社長に給料を払う必要がなくなります。だからこそ、社長は社長にしかできないことをするべきなのです。

社長がすべきは仕事は大きく二つあると思います。一つはすでに述べたトップセールスです。

そして、もう一つが社員のモチベーションが高まるような環境をつくっていくことです。

モチベーションが高まるような環境とは、一つは「仕事のやりがいや自分の成長が感じられること」であり、もう一つは「働きやすいこと」です。

## やることは具体的に

社員に仕事のやりがいや自分の成長を感じてもらうにはコツがあります。

たとえば、目標の立て方です。

誰でも1年が始まる正月には今年もがんばろうと思うものですよね。でも、この目標をその年の年末になって達成できている人はほとんどいません。

適当に立てた目標でもなければ、それほど大きな目標でもないのになぜかできないのは、ありがちな落とし穴にはまっているせいです。

まず、「最初の一歩が具体的でない」ことです。

目標は理解できているけれど、その目標のためにやるべき具体的なことがわかっていません。なんとなく漠然と、「こうなりたいなあ」というのを目標という言葉にしているだけで、現実的な第一歩を考えていないのです。

年初はやる気に満ちているのですが、毎日の忙しい業務に追われてだんだんやる気がそがれていき、当初の目的なんて忘れて日々を過ごします。そのうち毎日のやるべきことをなんとかこなすことが目標になってしまいます。

社員はあっちの仕事が忙しくて、こっちの仕事がこうだからと外部要因で自分が足止めを食ったようにいいますが、実は自分で足を止めているだけです。

それを防ぐには今日やるべき行動を具体的にすることです。具体的にしなければ、実行できたかどうかの判定も難しいですからね。

## 最初の一歩は極限まで低いハードルで

目標を分解していって、具体的にやるべき行動を決めるときには「最初の一歩」を極限まで低いハードルにすることも大切です。

理論としてはわかるけれど、自分の立場に置き換えてみたときにどうしたらいいかわからない——ビジネス書など本をたくさん読んでいるけれど、結果を出せない人はほとんどがこのパターンです。現場に落とし込む際のやり方がわからないから、一歩を踏み出せないでいます。

そこを打破するためには、「自分が理解できるレベルにまで分解」したうえで「一歩目をできるだけ負担の軽いものにする」ことが大切です。そして、「これを積み上げていくと目標に近づける」というおぼろげな達成ラインだけイメージしておくのです。

たとえば、こういうことです。

仕事の効率化を目指し、工場での工程を減らすために行ったのは、まず「ムダな一歩を減らす」ことでした。

部品をあそこに取りに行くんだったら、はじめからここに置いておけばいいじゃないか。

ゴミが散らばって困るなら、近くにゴミ箱を置いておけばいいじゃないか。

補充する部品はこの空き箱に入れて手元に置いておけばいいじゃないか。

などと、とにかく大したことではない「一歩余計に歩かないで済む方法」を真剣に考えました。一歩とか、一個とか、一つを減らせないかと考えるのです。

これならやらされるほうの抵抗感はそうとう少なくなります。けれども、この一歩や一個が積み上がっていくと、その変化は大きな変化となります。1日の仕事が10分とか15分とか早く終わったりするのです。

職人さんは「背広着たやつがちょこっとやったぐらいで変わるわけねえ、そんなの普段から俺たちゃやってるよ」と思っていますから、プライドを傷つけないように、「一個だけこれやってみない？」と言ってやってもらうのです。

やっていくうちに仕事が終わるのが早くなったり、ラクになったりということを実感できたら、あとはヒントを与えるだけで自分たちで考えて動くようになります。

とにかく、最初は負担感をできるだけ小さくして、「これくらいならできる」というところまでレベルを下げること。負担感が小さければ続けることができ、習慣になって気にかけることなくできるようになります。それを続けていけば、大きな変化をもたらすことができるのです。

## 逃げ切れるなら逃げてしまえ、逃げられないならとっととやれ

そうやって仕事をしていても、どうしても嫌なこともありますよね。そういうときは、「逃げて逃げ切れるなら逃げてしまえ」と言います。嫌なものは嫌でしょうがないのです。子どものピーマン嫌いのようなもので、嫌でなくなるときがくるまで「嫌い」と思ってしまっている気持ちは変えられません。

そこで、私は社員に「逃げ切れるの？」と聞きます。多くの場合、「う〜ん、逃げ切れないと思います」と返ってきます。逃げ切れない問題から逃げてしまうと、あとで必ずつかまって、自分が怒られるか、周囲が迷惑し、周囲から自分が怒られるかのどちらかとわかっているのです。そうなるともっと嫌な気持ちになってしまいます。

私は「逃げ切れないとわかっているなら早いとこ手をつけて片づけてしまおうよ」と言います。お客さんからクレームが入って怒られるとわかって電話をするのは誰でも気が重いものです。でも、先延ばしにすればするほど相手の怒りは増すのがわかっ

ているのだから電話するしかありません。勇気をもって電話を一本かけるしかないのです。

私も嫌なことがあると、「これは逃げ切れるのかな?」と自問することがあります。まず、ほとんどの場合、逃げ切れません。

「だったら、とっととやって早くやりたいことをやろうぜ」と自分に言い聞かせて、自分の気持ちに折り合いをつけています。

社員がクレーム処理でやきもきして何日かたったとします。そして、その社員がクレーム処理の電話をしたあと、こう聞くのです。

「どうだった?」。すると、だいたいこう答えます。

「思ったほど嫌じゃなかったです」

「そうだよね。それほどでもなかったよね。そしたら、やきもきしてた日数がもったいなかったよね」

どんなに怒っていても人間は相手を前にして2時間も3時間も怒り続けることはできません。どんなに叱られてもその時間はせいぜい10分か15分です。そのあとは、どう現場を収めるかという話になるのだから、早く連絡してしまったほうがいいのです。「わかってるんですけどね」と言うのですが、それは、本当はわかっていないのです。だから、「今回でしっかりとわかるといいよ。理解ができたら、本当に嫌じゃなくなるから。一歩を踏み出す勇気だけなんだよ」と言います。

ちょっとした気持ちの持っていき方なのですが、働く人はこういうガス抜き法をたくさん知っていたほうがいいと思います。これも高いモチベーションを維持するひとつの方法です。

## 自分も一緒に考える

私は社員たちに「このことについて考えてみて」と指示することがあります。そのときは常に「一緒に考える」ようにしています。

「考えろ」と丸投げされて、「どうする?」と聞かれ、「それじゃダメだ」と言われたら、社員たちは「人の気も知らないで」と感じてやる気を失ってしまいます。

社員たちが「こういうふうに考えてきたんですけど」と言ったら、「うん、それもわかるけど、こういう方法もあるよ」と伝えます。社長も一緒になって考えてくれたのだなと思うと、「こうしたほうがいい」と言われたときの受け取り方が全然違ってきます。

それに「こうしろ」と答えありきで指示したら人は考えなくなってしまう。考えるクセをつけさせるために、まずはその人自身の頭で考えてもらう。そして、一緒に自分でも考えてみるのです。

これは各部門の管理者たちにも、一緒になって考えるように伝えています。何か問題が起こったときに、職人などは荒っぽいのでつい「もういい、お前ら勝手にやれ！」と言うことがあります。「でも、そのあと答えは自分でも考えて、フォローしないといけないよ」と言っています。そうでないと、本当に勝手にやってしまっては問題がさらに大きくなってしまいます。

繰り返しやっていると、「社長って何考えているかわからないけれど、俺たちを悪くしようとはしていないのだな」と感じてもらえるようになり、信頼関係ができあがっていきました。

社長が外で学んで来て、会社に戻ってきて号令をかけて新しい企画を始めることがありますね。社長はこれでよくなるぞと思っているから意気揚々と始めるのですが、ふと振り返ってみると誰もついてきていない……これも「中小企業あるあるある」だと思います。

でも、私たちの場合、「社長は何がしたいのかわからないけれど、会社をよくしようとか、俺たちのことをよくしようとかって考えてくれているのだから、とりあえずやってみようか」と思ってくれているのだろうなと感じます。

社長になって7年ぐらい経ったころにはこの信頼関係ができあがってきて、社長業もぐっとラクになっていました。

## 94歳まで現役　平久さんの生き様

社員のモチベーションを上げる、もう一つの要素である「働き方」については、本人が仕事をしやすい環境を用意することに尽きます。

これさえできればいくつになっても仕事ができると思うのです。

うちの会社には94歳まで働いていた社員がいました。

平久守《ひらひさまもる》さんというその社員は、亡くなる2日前まで仕事をしてくれたのです。彼はもともと自身で商売をされていて、時世もあって廃業したころには70代でしたから引退して気ままに暮らしていたようです。

平久さんの旧工場兼自宅のはす向かいが、たまたまうちの仕入れ先さんでした。シルバーパスを使ってバスでどこかへ出かけて一日暇をつぶしているんだという話を聞いた仕入れ先さんが、「横引さんだったら働かせてくれるかもよ」というのを聞いて、面接にやってきたのです。平久さんが78歳のときでした。

そのときはまだ先代社長が健在で「今度、おもしろい人が来るんだよ」と言うのです。先代が私にそういうときは、必ず一癖も二癖もある人が来るので、私の立場からすると期待は持てませんでした。毎日、実務のマネジメントをするのは私だから、クセの強すぎる人を勝手に入れられたら困ると思って、面接に立ち会いました。

しかし、経験を聞いていると、ものづくりを長年やってきていて、体も動くし、見た目も年齢以上に若い。当時、うちは壁面や屋上などの緑化事業をしていたので、腐葉土をつくる仕事をやってもらおうということで採用となりました。

　高齢のうえ、自転車通勤だったので雨の日は休んでもらうことにして、月に16日ほど働いてもらっていました。

　平久さんはとにかく、いつでも、何を頼んでも、笑顔で「いいよ、いいよ」と言って引き受けてくれていました。それが印象的で、彼と話す時間はとても楽しいものでしたし、人柄も大好きでした。現実的な業務の面でも、教えたらほとんどのことがそつなくできる人なのです。

　兄が暴れた「史上最大の混乱期」に社員がたくさん辞めていったときも、私はすぐに平久さんに電話をかけて、「また一緒に働きたいんだけれどどうかな？」と言うところういってくれました。

「いやね、いつ総務部長から電話がかかってくるか待っていたんですよ」

それが木曜日の夜でした。「明日からいいですか？」と言うから、「いやいや、そんなに急がなくていいですよ、月曜からでいいですよ」というぐらい意欲的で、「あと何年働けるかわからないけれど、働ける間は働きたいと思っているんだ」と言っていました。

それでまた一緒に働けることになりました。このとき平久さんは86歳でした。

## ビラ配りから機械修理までなんでもこなす

そのころは緑化事業を止めていたので、今度はビラ配りをしてもらいました。1軒ずつ飛び込みで訪ねて、手渡しでチラシを渡すのです。近くの商店街のお店に「何かあったらよろしくお願いします」といって笑顔で手渡していくのを1日70軒やります。これを1年半やってくれました。

このビラ配りはやれば必ず成果が出ます。商店街で毎日シャッターを上げ下ろししていると、何かしら不具合が出てくるものなのです。そのときに思い出してもらうきっかけとして笑顔で手渡しするチラシの効果は大きいのです。だから、会社としても平久さんのおかげで大変助かったという思いがあります。

ポスティングではないので、笑顔で手渡しするのはきついのです。以前は、「その辺に置いといて」と言われるのはまだいいほうで、目の前でポイと捨てられることがほとんど。破られたり、二度と来るんじゃねえと罵声を浴びせられたりすることもありました。

たぶん平久さんも少なからず嫌な経験をしていたはずですが、出かけるときに嫌な顔を見せたことは一度もありません。


あるとき、工場で機械に不具合が出たことがありました。

修理に出そうにも、機械が古いからどこへ持っていけばいいかもわからない。「じゃあ、平久さんに見てもらったら？　自分で商売されていたからわかるんじゃない？」といって見てもらったら、すぐに「ここのベルトが切れているだけだから、交換したら直るよ」というのです。

早速その通りにしたら見事に直りました。考えてみれば、平久さんの時代はいつでも自分たちで直したのだろうから、彼にとってはなんてことないことだったのでしょう。

そんなことがあってから、工場に入ってもらうことにしました。そのときが87歳でした。

シャッターの組み立てをしてもらっていましたが、この作業はコンクリートの上での立ち仕事だから、さすがにこれでは長くはできないだろうと、座ってできる仕事はないかと考えました。

そこで部品の組み立てなら座ってできると考え、やってもらうことにしました。いつも決まった時間に来て、コツコツとまじめにやってくれました。

89歳ぐらいのときに、さすがの平久さんでもいつかは仕事ができなくなるだろうからと、いざというときのために若手を指導してもらうことにしました。この作業を機械化できないかと考えて、最終的には半自動化できることもわかりました。

それをわかったうえで「いまは平久さんにやってもらえばいいよね」ということで続けてもらいました。

機械化して半自動でやったほうが早くて手間もかからないし、何千万円かかっても元が取れるでしょう。それでも、本人が楽しくやっているんだったら、この作業をわざわざ取り上げる必要はまったくないですからね。それに、平久さんが働いている様子を見て、60代、70代の人たちも「この会社は健康でまじめに一生懸命仕事をしていれば、いくつになっても雇ってくれるんだ」と思って安心して働けるはず。この効果はとてつもなく大きいのです。

結局、いまだにその半自動化のための機械は導入していません。みんなで手の空いた隙間時間につくることになったからです。平久さんが教えてくれたおかげでみんながつくれるようになっていました。

## 職場は居場所でもある

毎年、冬が近づいてくると平久さんに早く帰ってくれと交渉していました。夕方になると暗くなってくるので、自転車通勤をしていた彼の安全面を考慮してのことです。晩秋のころからだんだん早めていき、通常17時のところ、最終的には16時に帰ってもらうようにしていましたが、本人がなかなか首を縦に振りません。そんな押し問答を恒例行事のようにやっていました。

逆に春になって陽が長くなってくると、「もう17時でいいかな」と言ってくるのです。コロナ禍の緊急事態宣言のときも普通に出勤するからといって聞かない。90歳でインフルエンザになっても「ちょっと熱出ちゃったけど、明日から行くから」と電話がかかってきました。15分後に奥さんから電話がかかってきて、「インフルエンザにかかると5日は外出できないから休ませます」と。こちらも「席はなくさないから大丈夫だと伝えて」といって電話を切りました。

家族は高齢を理由に、会社が迷惑するからと仕事をやめるように言っていたようなので、私は何度かご家族を説得しました。

「迷惑なんてことはないんです。迷惑だったら僕がそのときにはちゃんと引導を渡すから、それまではご家族のほうから止めないでいてほしい。本当に会社も助かっているし、平久さんも生き生きと仕事しているし、それを見ると僕たちも嬉しいんです」

平久さんが亡くなったのは2022年の2月11日のことでした。

10日は雪の予報で、11日金曜日は祝日でしたので、平久さんが9日に退勤するとき、

「次は週明け（14日）ですね」「そうですねー」といって別れ、そのころは自転車はやめてもらって、うちの社員が車で自宅まで送迎していました。

そして11日に自宅で倒れ、発見されたのは13日の日曜日のことでした。1月に94歳の誕生日を迎えたばかりでした。

当時は夫婦2人で住んでいて、しばらく奥さんが入院していてひとり暮らしの状態だったようで、息子さんが1日おきに見に来ていたそうです。

会社は単なる仕事場ではなく、その人の居場所です。

この世代の男性は死ぬまで働くのが当たり前と思って育ってきているので、働くのが苦ではないのです。どうせ死ぬまで働くのだとしたら、働く場所が楽しいかどうかはとても重要だと思います。

寝ている時間を除いた人生の3分の2のうち、大半を仕事に費やすわけです。そうであるなら、この時間をできるだけ楽しいものにするようにしたほうがいい。仕事が楽しくなれば、人生も楽しくなるのですから。

そのためには仕事に合わせて人を従わせるだけではなくて、人に合わせて仕事をつくっていくことも必要なのではないかと思っています。

## 社員のモチベーションしだいで効率は3割アップする

建前でいくと、みんなが働きやすくて楽しい職場であれば、みんながモチベーション高くやってくれて会社も繁栄する……ところが、そんなに簡単なものではありません。

同じことをやっても、モチベーションの高い人と低い人はどうしても出てきます。モチベーションいかんで、仕事の成果に大きな違いが出てきます。

また、同じ人でもモチベーションが高い状態と低い状態では、成果に3割ぐらい差が出てくるというのが私の実感です。

一口に工場といってもいろんなところがあります。工場という場所は、モチベーションが低い現場は恐ろしく暗いです。もうほんとに空気が濁っているのが目に見えるぐらい、よどんだ雰囲気があります。モチベーションの低さは、整理整頓ができていなかったり、作業着が汚れていたり、そういうところにまず現れてきます。

シャッターを設置する仕事はだいたいの予定が組めるからいいのですが、修理の仕事はそうはいきません。突発的に仕事が発生し、難易度もまちまちです。なんらかの理由で「ハマって」しまい、延々と時間だけが浪費されることもあります。

シャッターが朝と夜に開け閉めできないとなると、防犯上の問題が出てくるので、また明日やるということができません。そのため、昔は徹夜してでも修理することはよくありました。いまはそんなことはなくなりましたが、それでも夜遅くまでかかって修理することはときどきあります。

そうした過酷な状態で働いているからこそ、モチベーションいかんで仕事の効率は大きく変わってくるのです。社員のモチベーションが高ければ、たまに少し無理な仕事でも笑顔で頑張ってくれます。モチベーションが低いと、はっきり「イヤです」と言われてしまいます。

中小企業の社員のモチベーションを上げるのは社長自らがやるべきだし、ダイレクトに社員に接することができる社長だからこそ最もよい効果が出ると思っています。

第4章

# 自ら考え動く、社員鳴動の極意

## 社長は社員をよく観察するマネジャーであれ

社員のモチベーションを上げるためには、そもそも社員のことをよくわかっていなければできません。まずは彼ら彼女らのことをよく観察することです。

社員のことをよく見ていたら、どの社員が今、どういう心身の状態かがわかるようになってきます。3日も4日も冴えない顔をしていると、「最近元気がないね、どうしたの?」と聞いてみます。

最初は「そんなことないです、大丈夫です」と言うのですが、よくよく聞いてみると、「実は……」といって話しはじめます。だいたいプライベートのことで悩みを抱えているので、聞いてあげるのです。

「相談があったらいつでものるよ、そのかわり俺からは根掘り葉掘り聞かないからね」というのが私のスタンスです。

また、退職を考えている社員は変な話、「匂い」でわかります。それを事前に察知してガス抜きしてあげます。

社員の不満は小さな行動に現れます。たとえば、遅刻しはじめる、朝から冴えない顔をしている、といったことです。

「おい、○○君、辞めるぞ」といっていると、本当に辞めるのだから、私の社長業も板についてきたなと思います（苦笑）。


「社員一人ひとりをじっくり観察して、悩み相談も受けてなんて、大変でしょ」と経営者はみんな言います。でも、大変なことを大変じゃないものにするにはルーティン化することだと、借金の返済で私は学びました。

私たちが朝、目覚めて顔を洗って歯を磨いてネクタイを締めるように、習慣にしてしまえばなんなくできるのです。このルーティン化するまでの時間は人それぞれだと思いますが、私の場合は4か月も続けられれば習慣になります。

2か月目からちょっと手を抜きはじめるので、2か月目が終わるころから、3か月目が終わるまでの1か月間を集中する。すると、あとの1か月はおちついてきて4か月たったころには習慣になっています。

自分が欲しい結果が得られた後の年数と、ルーティン化させる4か月とを比べたら、どう考えても4か月がんばったほうがいいですよね。

ただ、私も途中でやめたくなるときがあります。そういうときは必ず、「あなたは将来、何が得たくてこれを始めたの？」と自分に問いかけるようにしています。習慣化できたことで得られる、その先の恩恵のことをイメージします。すると、やり続けようという気が出てきます。

社員のことを真剣に見てあげることは社長の仕事の一つだと思っています。だから私はまったく苦になりません。

## 何を重視して採用するか

シャッターというのは規格が決まっているものをひたすらつくるのではなく、現場に合わせてつくったり修理したりするので、どうしても手作業が多くなります。

だから部品を買ってきて組み立てるというよりは、素材そのもの（生材といいます）、たとえば鉄板とかステンレスの板などを大きいまま買ってきて、それを切ったり溶接したり、組み合わせたりしてシャッターをつくります。

上下シャッターはだいたい形が確立されているので、私たちからすると部品を組み立てるだけのプラモデルに近いものですが、横引きシャッターの場合は、部品から手づくりする必要があります。

作業は、2人1組のペアになって行います。というのも、ケガや事故が起きないようにする、起きたときの対処も素早くできるようにするためです。そのため、職人の採用は人間関係をうまくつくれることに重点を置きます。

私は採用面接では「気性の荒いサラブレッドはいらない」とはっきりいいます。いくら仕事ができてもみんなとの和を乱すような人は絶対採用しません。

仕事が「できる・できない」でいえば、入ったばかりのころはみんなできません。それをできるようにするのは会社の役割です。

だから「できる・できない」は採用の時点では重要ではありません。強いていえば、私たちが現場で扱うような溶接機や加工する機械を扱ったことのある人は優遇されますが、だからといって採用されるとも限りません。

私がいつも重視しているのは、すでにいる社員たちと採用しようとしている人との相性が合うか、この一点だけです。

この人を採用したい！と思ったら「ちょっと工場、見てみますか？」と言って、見てもらいます。そのときに職人さんたちと少し会話をしてもらって、みんなとうまくできそうかを感じるようにしています。

うちの会社も昔と違って、気性が荒い「ザ・昭和の職人」みたいな人はもういなくなって、新入社員に対してもみんな優しく接します。優しすぎるくらいで心配になるほどです。なので、気性が荒い人とか、和を乱す人が入ってくると、気を遣いすぎてしまって疲弊してしまうのです。

そのため既存の社員とうまくやっていけるかどうかだけを見ているわけです。

弊社がたまたまこうであるというだけで、他社や他業種になるとまた求められる適性は変わってくるはずです。弊社とは逆に人間関係よりも、とにかく現場の技能に長けている人がいいという場合もあるでしょう。

自分たちの会社はどんな特性があって、どんな適性が必要なのかをわかったうえで、どんな人を採用すればいいのかを考えることこそが社長のやるべきことのはずだと思って行動しています。

## やるべきことを伝えて給料を上げる

入社して半年ぐらいたったら、会社はその人にどうなってもらいたいと考えているかを本人に直接伝えます。

「私は、あなたには将来こういう人材になってもらいたいと考えたから採用したんです」と伝えています。

たとえば、同期入社で入った営業マンが2人いるのですが、A君には今理解できている製品だけを販売することで、場数をたくさん踏んでいきなさいと伝えています。一方のB君のほうは扱える製品数を増やしていきなさいと伝えています。

A君には扱う製品数を増やさずに深掘りさせ、B君には扱う製品数を増やしていくように伝えたのです。要は狭く深く、広く浅くという道を各々にちゃんと決めてあげるわけです。

半年間、性格や発言、行動を見たうえで、あなたのタイプはこっち、君のタイプはあっちという具合に進むべき道を指示してあげます。

同様に職人に対しても「こういう技術を覚えてみない？」と声をかけてその気にさせていきます。そして、その人の上司のところに行って、「彼にはこの技術を覚えろと言ってあるんだけど、チャンスをあげてくれないかな？」と交渉します。

それとは別に年頭の社長面談のときにも伝えます。といってもまったく堅苦しいものではなく、雑談の延長のようなものです。

「去年、あなたはこうだったよね。会社はこういうふうになってもらいたいから、今年はこういう積み上げをしていこうよ」などと話します。

常に社員のことは見ていますから、面談のために何か特別に準備することはありません。

日ごろから、上司や同僚に「○○さんってどう思う？」と聞いて情報を集めておくのです。「いいですよ」ということもあれば、「ちょっとね」と言うときもあるので、それぞれ何がいいのか、悪いのか聞いておきます。

また、いつも注意して見ていると、電話口での話し方がちょっとおかしいなというのもわかるようになってきます。

朝起きたときとか、夕方家に返ってきたときなど奥さんの機嫌がいいか悪いかを、敏感に感じ取ろうとしますよね（笑）？　それと同じように、社員を見ていればいいのです。すると、ちょっと元気がないなとか、様子がおかしいなというのは自然とわかるようになります。そうして、いろんな角度から見ていると、その人の人物像が自分の中でだんだんできあがってくるのです。

これは中小企業だからできることで、だからこそやるべきなのです。

大企業ならOne on One面談をするとしても書式があって、質問事項があってだいたい想定された答えが返ってくるものです。しかし、中小企業は社長と社員の距離が近いから、人間味が伝わってくるような答えが返ってきます。たまにビックリするような返事が返ってくるときもありますが（笑）

それに、うちには給与の等級表なんてありません。みんなに認められるようになれば給料は当然上がるべきだと考えています。なので社員たちには、胸を張って上がったと周囲に言えるようになりなさい、と伝えています。

今ではかつて私がしていたことを、工場長が言いに来るようになりました。

「○○さんは、前はできなかったけれど今はたくさん練習してこういうことができるようになった。他の人を手伝うときもちゃんとコミュニケーションをとって仲良くやっている。だから社長、今月とは言わないけれど、○○さんのお給料を考えてもらってもいいころかなと思っているんです」

そして、給料が増えるときには「工場長がすごく助かっていると言っていた、だから昇給します」と、工場長や副工場長から口添えがあったことを紙に書いて渡します。

給与が上がった社員は工場長、副工場長にお礼を言いに行きます。すると、「いやいや、君ががんばっていた成果だよ」と言うとみんなが嬉しくなる。増やした給料ぶん以上の効果があるのです。

私はさまざまな会合に出席して、同じような規模の会社の経営者ともよく話すのですが、彼らは不思議なほど社員に「こうなってほしい」というのを伝えていません。照れとか面倒だとかいろいろ理由はあるでしょうけれど、社員にきちんと言葉にして伝えることの効果は思いのほか、大きいのです。

## 「会社のため」がズレていないか点検する

「これが会社のためになることだ」ということをちゃんと言っておいてあげないと、本人が考える「会社のため」との間に乖離ができてしまうこともありえます。

たとえば、まじめな人ほど、かけなくてもいい労力をかけてしまうことがあります。デザイナーさんなどがそうですね。仕事の完成度が7割で、とりあえず走らせてしまい、走りながら修正したほうがいい仕事はけっこうあります。でも、まじめな人は100%にならないと自分の手から仕事を離さない。すると、時間だけ空費してしまいます。

ですから、会社からすると7割でとりあえずはじめてほしいということを、あらかじめ言っておかないといけません。

もちろん、お客様に引き渡すシャッターを7割で引き渡すわけにはいきませんが、デザインなどは「とりあえず」で進めたほうが、すぐに良し悪しが判断でき、それからのＰＤＣＡのサイクルを早められます。

私たちの職人の仕事でいうと、同じ部品を１００個つくるのに2〜3工程があるとしましょう。私たちの仕事の場合は、１００個つくっても一気に全部使うことはありません。反対に今日20個ほしいということがあります。

ところが、昔の職人さんは20個ずつつくるのは手間だし、準備や段取りがあるので効率が悪いといって、一気に１００個つくろうとします。そのほうが作業効率もよくなり、会社のためになるだろうと考えているのです。

しかし、会社としてはとりあえず20個だけつくってほしいんです。次の20個をつくっている間に、最初の20個さえあれば、別の職人が次の工程に進めるので、同時進行になって結果的にできあがりが早くなります。

そういうときは「１００個欲しいけれど、今日とりあえず20個そろえてくれる？」と言います。

些末なことですが、こういうことを一つひとつ丁寧に伝えていくことで、会社がやってほしいことと、社員が「会社のため」と思っていることのギャップをなくしていくことができるのです。

会社が次のステージに進もうとするときも、会社の目標や目指す道を説くのと同時に、「それに対して、あなたは何をすればいいか」を社員に伝えていかなければなりません。自分の成長の延長線上に会社の成長もあると思えないと、自分と会社がつながらず、他人ごとになってしまいます。

## 雑談が仕事のやりやすさをつくる

コミュニケーションの点でいえば、業務上の情報のやり取りをどうするかという局面は私たちの場合はもう終わっていて、個々人がより理解し合って、もっと円滑に、楽しく仕事ができるようにしようというフェーズに入ってきています。

そこで重視しているのが雑談です。

先日、営業部の4人で飲み会をやるというので、会社が費用を持つことにして、その代わり、私から次のような指令を出しました。

「仕事の話ばかりの飲み会はするな。話題が仕事のことで深入りしそうになったら、水を差してその場を崩せ」

これをひとりずつ呼び出して4人それぞれに伝えました。

社長は24時間会社のことを考えていなければいけないし、それができないのであれば社長になってはいけないというのが私の持論です。けれど、社員はそうではありません。

47歳の私より上の世代であれば仕事の話をしても楽しくお酒を飲めます。しかし、これから入ってくる若い子たちは、そういう先輩たちとの飲み会はしんどいなあと思うだけです。

「飲み会という名の営業会議」は苦痛です。それだとせっかくの楽しい飲み会のはずがマイナスになってしまいます。

工場でも週に何回かはみんなで昼食をとる日を設けていますし、休憩時間にお茶とお菓子を囲むときには一緒にいるようにさせています。そして、そのときは仕事の話ばかりするなと伝えています。できるだけ無駄話をしなさいと言って、会話のハードルを下げ、話が弾むようにさせています。時には強制的に雑談をさせることもあるくらいです。今はみなまじめすぎるので強制的に雑談させるぐらいがちょうどいいのです。

しかし無駄話は実は無駄ではありません。なんとなく意思疎通がしやすくなるとか、お互いの気持ちがわかるようになる。結果、格段に仕事がしやすくなるのです。

それに相手の家族のこともわかっておいたほうが、その人がいろんな事情で休むときにも快くフォローしてあげられます。

「はじめはこんなことやって無駄だと思っていたけど、やってみたらよかったです」という声もあり、みんなが効果を実感しているようです。

## 適性を見つつ、ちょっとだけ背伸びさせる

一人ひとりをよく見ていたら、適材適所も自然とできるようになるものです。

たとえば、一口に職人といってもさまざまな適性があります。

私たちの仕事では修理や取り付けの「工事」と、シャッターを製造する「工場」とでは力の出し方が違います。

工場は朝から夕方まで1日中70％の力を出し続ける必要がありますが、工事の現場では70％ではダメで、現場に入っているときは１００％の力を発揮し、現場が終わったら力をゼロにして、また次の現場に行ったら１００％の力を出すことが必要になります。

なので70％で1日働けるタイプと、瞬間的に１００％を出せるタイプとを見分ける必要があります。これを間違えると、本人は働くことがつらくなって辞めてしまいます。

70％でずっと仕事をやるのが得意な人が工事に出てしまうと、力をゼロに戻すことができず、70％、１００％を繰り返すことになるので、片時も休めずに疲弊してしまいます。

反対に工事が得意な人は、工場のように長時間の集中に耐えられずに心身ともに疲れてしまうのです。

多能工になるために工事も工場もどちらも経験させるのですが、そのときにどちらのタイプかを見極め、得意ではないほうで長期間働かせないように調整しています。最長でも連続3日程度を限度としています。

全部できる人はまずいませんが、まったく何もできない人もいません。誰でも得意・不得意があるので、個々の適性を見てあげて、適材適所で働いてもらうことが重要です。

営業部でも事務系が得意な営業と、外交が好きな営業とタイプが分かれます。これもその人のタイプを見ながら、「あなたはこっちに進んでいったほうがよくない？」といって気づかせてあげます。

ひとつの目標に向かって一本の道をみんなで競っているわけではなく、それぞれの目標に向かってそれぞれの道を歩いているから、先輩だから給料が高くて、後輩だから先輩より給料が低いということもありません。なので、隣の同僚と比べてヤキモキすることもありません。

当然、礼儀としての先輩後輩関係はありますが、先輩より高い給料をとっている人もいます。先代のころから給与は実力で取れと伝えてきていますから、それが当たり前という風土がすでにできています。

給与体系が不満で辞めていく人が多い会社は、こうしたことを社長が社員にちゃんと伝えていないのではないでしょうか。「うちはこうだからね」というのを言い続けていくと、社員はそういうものだと理解するし、それが合わない人は自然と辞めていき、がんばれる人だけが残っていきます。

社長が真剣に言い続けてさえいれば、理解してくれる社員たちは増え、ちゃんと残り続けてくれます。

## やりがい、生きがいがあるからがんばれる

これまでたくさんの社員を見てきて思うのは、社員に長い間、辞めずに楽しく勤め続けてもらうには、その人の尊厳を守ることが大事だということです。その人の存在や価値を認め、その人らしい生き方ができることが最も大切です。

人はいつも必要とされる仕事があることが大事です。それが存在や価値を認められていることにつながります。

いつも他者から必要と求められ、自分の居場所があることは、大きな病にも対抗する力が出てくることにもなりました。

大友有治《おおともゆうじ》という社員が50代後半でがんの宣告を受けました。彼は私が社長になったときに残ってくれた10人のうちのひとりで、工場長として働いていました。

あるとき、ギックリ腰になったと言って、腰をかばいながらも毎日仕事を続けていました。私が腰痛用のコルセットを買って来て、着用しても一向に良くならないので、大きな病院での受診をすすめると、がんと診断されました。しかもステージ4の余命3か月。ここから大友と一緒に長い闘病生活がはじまりました。

このときは、私は大友さんの家族に「仕事ができなくなっても給料は出します。ただし、それには条件があります」と、こんなことを言いました。

「お父さん（大友さん）が会社に行きたいといったら行かせてあげてください。会社を休みたいといったら休ませてあげてください。会社はどっちでも大丈夫なように対応しますから。会社に迷惑がかかるなんてことは全然ないから、家族が止めることは絶対にやめてください。これが条件です」

ずっと仕事一筋できた人が仕事を辞めるのはとても苦痛です。なおかつ、自分が病気になってしまった負い目で周りに対して申し訳ないと思ってしまうと、よけい体に悪いのです。自分がどんどん小さくなってしまいます。

過度に気を遣わないで普通に接することを、私は心がけました。本人は病気をしているだけでつらいのだから、そのうえ周囲から腫れ物に触るように扱われると、余計に苦しくなります。だから、「まだ病院に行ってるの。早く復帰してくれないと困るよー」と私なりのエールを送っていました。

自転車通勤でしたが、そのうち他の社員が運転する車で送迎されるようになりました。それでも本人は頼られたり、期待されたりすることが嬉しくて働いていました。奥さんにも「俺がいないとダメなんだ」と言っていたといいます。

彼は工場長として、亡くなる前に後任を2人も見つけてくれました。

現在の工場長は先代のころに一度辞めて縁が切れていた人でしたが、「俺が知っているいい人がいるんだ」といって呼び戻してくれた人です。

「社長も知っている人だよ」といって形ばかりの面接をして働いてもらうことになりました。それが羽賀立臣《たつおみ》と井上占春《せんしゅん》という社員で、今では彼らは工場長と副工場長になってくれています。

大友さんは2人にこういって口説いたそうです。

「俺はもうがんでいくらも生きていられないから、俺の代わりにあとを継いで、慎次郎を支えてあげてほしい。昔と違って給料が遅れることもないし、雰囲気も暗くない。前とはまったく違う会社になったから、一緒にやってくれないか。わからないことは俺が全部あなたたちに教えるから。俺の一生のお願いを最後に一個だけ聞いてくれないか？」

二人とも即答で「いいですよ、大友さんの言うことならなんでも聞きますよ」と2人とも二つ返事で引き受けてくれ翌日、面接に来てくれました。

勤めていた会社をすぐに辞めて働いてくれました。大友さんには時間がないことがわかっていたから、教えてもらう時間を少しでも多くつくるためです。3人は一緒に1年以上働くことができました。

結局、大友さんは2年2か月もの間延命して、59歳でなくなりました。

葬儀に、兄と一緒に出て行った三浦泰志《やすし》という元社員がひとりだけ参列していました。私たちに対して申し訳ないと思っていたのか、葬儀の場では小さくなっていたのですが、大友さんには恩も義理もあるから最後の挨拶に来たのでしょう。

葬儀の夜、その三浦と羽賀が大友さんを偲んで一緒に飲みに行ったそうです。そこで、羽賀は三浦に戻って来いよと言ったらしいのです。

すると、三浦はかぶりを横に振りました。

「それは無理だよ。慎次郎さんが許さないでしょう」

「いや、うちの社長はそんな何年も前のことをずっと引きずるような人じゃないから気にしていないと思うよ。一応、社長に聞いてみるけど、ＯＫだったら戻ってくれるか？」

三浦に対しては私が駆け出しのころから一緒に仕事をして仲もよかったので、不思議なことに変な感情はありませんでした。「いいんじゃない」と返事して、翌日、すぐに面接し、採用となりました。

羽賀も井上も三浦もみんな大友さんが最後につないでくれた縁でした。
今ではこの3人は会社で核となる人財になってくれています。

## 「4つの幸せ実感」を仕事で得ることの大切さ

会社というのは私や社員、かかわった人が幸せになるためにあるものだということをつくづく実感します。社員のみんなと働いていて思うのは、人間というのは喜ばれたり、褒められたり、必要とされたり、愛されたりすることで、幸せを感じるものなのだということです。これを私は「4つの幸せ実感」といっています。
仕事をすれば上司や周囲の人からだけでなく、何よりお客様から喜ばれます。出した結果が質のよいものではあれば褒められます。

怒られたくないからやる

よりも

## 褒められたいからやる、喜んでもらいたいからやる

のほうがいいですよね。

そうやっていると周りからもっと必要とされるようになります。すると、その人はなくてはならない存在になっていき、その人が仕事をしやすいように環境を整えてあげようとみんなが考えるようになる。これが「愛される」ということです。

愛されることの対極にあるのが「無視される」ことです。必要とされなくなること、これでは人としての尊厳が保たれません。

人としての最低限の尊厳が保たれない職場は、人を人間扱いしない職場です。人を物のように扱い、使い捨てのように仕事をさせてしまいます。それでは人が定着しなくて当たり前です。

働く人が必要とされ、愛されるように職場を整えていく。そこで感じた幸せを土台として仕事をがんばる。仕事をがんばるから、また喜ばれたり、褒められたりする。

すると、もっと必要とされるようになり、また幸せになるという「幸せのサイクル」が回っていきます。みんながそうなっていけば、社長がいなくても困らない会社になっていくと信じています。

第5章

# 行きついた「人を大切にする経営」の秘訣

## 中小企業は知恵と工夫で人を惹きつける

これまで私たちの会社は数々のメディアに出させてもらいました。

これだけ注目してもらえたのは、私たちの会社の人財活用の仕方が珍しいからでしょうか（私は特別なやり方だとは思っていませんが）。

社員が10人になってから考えた、「社員が自慢できる社長になりたいし、その延長で社員が自慢できる会社にしたい」を実現するために必要なのは知恵と工夫です。

お金と人材に余裕がある大手ならできることはたくさんありますが、中小企業はそういうわけにいきませんから、自分たちの知恵と工夫でつくり上げていくしかありません。

ただ、人の幸せというのはそれぞれで、ホテルの最上階でフランス料理を食べるのが幸せという人もいれば、「そんなのは苦痛だ、俺は居酒屋で焼酎を飲んでいるほうがいいんだ」という人もいます。

休みたいときに休める自由な会社がいいという人もいれば、プライベートの時間なんかいらないから働けるだけ働きたいという人もいます。

社員の幸せ感もそれぞれだから、あの手この手を考えます。何かをしたら、そのときに社員の顔をよく見ておくのです。喜んでいるのか、そうでないのか。大半の人が喜んでいるなら続けるし、そうでなければすぐにやめてしまいます。

そこに手間をかけるのが当たり前という前提で私は考えています。手間をかけたぶんだけお金がかからない、手間をかけないならお金をかけるしかない。どっちかです。お金がかけられないなら手間をかければいいだけです。

## 「お互い様経営」で行こう

お金をかけないで社員のモチベーションを上げるにはコツがあります。

ゼロは無理ですが、できるだけお金をかけないことは可能です。

社長さんたちはみんなホームランでモチベーションを上げようとするのですが、うちはポテンヒットの積み重ねで得点をあげるようにしています。

例えば、よく驚かれるのが、休みの日はすべて有給にするということ。子どもの参観日や運動会、親戚や友人の結婚式、親の介護をすることだってあるでしょう。そういう場合は有給休暇を取ると思いますが、設定した日数を超えて休んでも有給として扱います。

設定した日数を超えて休めてラッキーと思うような社員はいませんし、「この間、休ませてもらったから」といってお互いに穴埋めをしてくれます。

そもそも、なぜか日本では有給休暇をとるとき、みんな申し訳なさそうな顔で言ってきますよね。でも、私は何を出されてもすべてウェルカムで答えます。そうやって受け取っていると、休暇届を出すほうも心理的な負担がありません。

先日もある社員が「奥さんがどうしてもパンダが見たい、和歌山県のアドベンチャーワールドに行きたいといっているから休みたい」と恐る恐る言いにきたのですが、私は「いいじゃない、いいじゃない。そんなの堂々と行ってきなよ、楽しんできなよ」と言って送り出しました。

そして、銀婚式の記念旅行ということだったので、お祝いとして20万円を渡しました。ただし、条件があります。「旅行中は仕事の電話はいっさい出ないこと。お祝い金でお土産を買わずに自分たちのためだけに使うこと。この条件が守れるなら行っていいよ！」と。

若い社員が合コンに行くときもそうです。

聞けば18時から始まるというので、17時ぴったりに退社させてほしいと言ってきました。17時に上がるのであれば、16時ぐらいからソワソワして仕事にならないでしょう。「だったらもっとゆっくり時間に余裕をもっていったほうがいいぞ」と言って16時に退社させました。

1時間の非効率な仕事をするより、16時までの時間を集中してやってもらったほうがよほど効率的です。それにこっちにとっては「恩を売る」チャンスです（笑）。

これがポテンヒットになって、その後、多少の無理なら聞いてくれるようになるわけです。減らした1時間以上の仕事をしてくれるのです。

「自分の都合をきいてくれてありがたい。その社長の気持ちに応えなければ」と思ってがんばってくれます。こういうのが積み重なって愛社精神が生まれるのです。

混んでいる電車で通っている社員には、「満員電車で疲れてしまってはいい仕事ができないだろう。朝の出社の時間を1時間遅らせたら？」と言って実際にそうしてもらっています。

うちはスーパーフレックス制度になっていて、出社時間と退社時間はみんな違います。家庭のことなど、それぞれの事情に合わせて働いてもらっています。これもうちらしさです。

中抜けもOKで、半休でも、給料を減らすこともしません。

誰かが休む、中抜けするときは、そのぶんの仕事をほかの誰かがやらなければいけませんから、周囲の人にお願いすることになります。だから、「みんなも自分がいつかお願いするときが来るんだから、自分がお願いされたときは快く受けてあげなよ」と伝えています。「お互い様」と思えないと、快くお願いを聞き入れられません。このことは私がいつもみんなに言い続けています。

## ルールや決まりごとではなくモラルで動かす

私たちの会社には一様なルールはなく、会社（というか私自身）とその人との間にルールがあるだけです。

例えば、以前こんな苦情がありました。

「○○さんがやるのはＯＫなのに、僕がやったらなぜダメなんですか」

この場合の返答は明確です。

「あなたよりも○○さんとの付き合いが長いからだよ」

受けられる最低限の待遇はみんな一緒。でもそこから先はみんな凸凹があって、同じではありません。だからある人にとっては甘くても、別の人にはそうでないことはよくあります。

「そのさじ加減に疑問があるんだったら、教えてあげるから聞きに来て」とハッキリ言います。

さじ加減の基準は私の中であります。それは、

「みんなの前で説明できるものであればＯＫ、できないものであればＮＧ」ということです。

これはとても曖昧な基準ですから、大企業だったらまずできないでしょう。毎朝、顔を突き合わせてお互いのことをよく知っている間柄だからこそできるのです。

社員が自立して自分で考えて行動できるようになると、ルールやシステムで縛らなくてもモラルでできると思っているのです。日本人のモラル意識は高いからです。同じ待遇にすることが平等なのではありません。社長が全員を同じ熱量をもって全力で見ること。ここが平等であればいい。その結果、待遇に差が出るのは不平等でもなんでもありません。年齢や勤続年数で一律に線引きすることのほうがよほど不平等だと私は思います。

## 中小企業にルールや決まりごとは合わない

会社のルールや決まりをできるだけつくらないようにしているのは、私自身、ルールや決まりごとが苦手だからです。

中小企業で働いている人にもそういう人が多いのではないでしょうか。ルールや決まりごとが曖昧だとすき間ができる。すき間があるから息抜きができる。そうでないと息が詰まってしまいます。

ただし、大事なところを外さなければ、です。

大事なことは、2つあります。

ひとつは、「納期に遅れないこと」。もうひとつは「品質が保たれていること」です。お客さんから催促されたり、クレームがくるようなことは論外。だけど、それ以外はいちいち細かいことは言いません。

工場では一応10時と15時に休憩の時間をとっていますが、そこで休まなくてもいいし、逆にそれ以外の時間に休んでも構わないと言っています。

気乗りしないときもあれば、逆に集中してやれているからキリのいいところまでやっておきたいときもあるでしょう。そうやって自分の働き方を自分でコントロールできるほうがいい仕事ができるのです。

ただし、休憩時間にお菓子とお茶で談笑するのも大事なことだから、仕事と理由をつけてコミュニケーションを取らないのはダメだよと言っています。雑談することで「世間」を感じることも大切なことだからです。

人とかかわらず、ニュースや新聞も見聞きしないでいれば「世間」が遠くなり、自分が生きている狭い世界が「世界の常識」と勘違いしてしまいます。これが極まると企業の不祥事になるのです。だから、若い社員にもテレビぐらいつけておいて、「ながら」でもいいからニュースを聞きなよ、と言ってあります。

「この2つが守られていたら、とやかく言わないけれど、できないなら決まりをつくってルールで縛るよ。社長はルールで縛りたくないと思っているから、みんなでうまくやってね」とことあるごとに伝えています。

すると、みんな自由なほうがいいので、自らすすんでモラルを守ろうとします。自由にはもれなく責任がついてくるのです。自由は得たい、責任は果たさない。これはダメです。

自分の裁量である程度自由にやっていいのだとなると、「やらされている」という気持ちがなくなっていきます。

暗黒時代には社員は夜中まで働かされていましたから、それをどうしたら変えられるかと考えて、お金がかからない方法として「自由」をキーワードにしたというわけです。

ルールや決まりごとはなるべく大枠だけにして、その中は自由にしてあげる。個人のモラルに委ねるわけです。これが上手に回ると、会社経営はラクになります。

## わが社のちょっと変わった福利厚生

あの手この手で働きやすい環境をつくっていくのが、社長の仕事です。その労は惜しみません。

私が最初にこだわったのが従業員の待遇でした。

なかでもパート社員の雇用保険です。正社員とパート社員では失業時の受給額が大きく違うのです。仕事の内容はほとんど同じなのに、その差に驚きました。

そこで2006年にパート社員を全員正社員待遇にすることにしました。今でも週20時間以下で掃除をしてくれるパート社員はいます。この人も雇用上ではパート社員ですが、受けられる待遇は正社員と同じにしています。同一労働、同一賃金です。

福利厚生が手厚いのもうちの特徴です。

忘年会、新年会、暑気払いと年3回はみんなで宴会をします。コロナ禍で宴会ができなくなって、2021年の年明けからは、みんなで集まれないなら、せめて家族の中だけでも楽しんでもらおうと思って1月はおせち、2月は恵方巻、3月はちらし寿司、4月はステーキという具合に毎月何か食べるものをみんなに配っていました。

社員にオーダーメードスーツを仕立てたり、靴磨きの職人さんを会社に呼んで順番に磨いてもらったりしたこともあります。

パンを焼いている障がい者施設があることを知って、2023年から月に2回、1個200円で菓子パンを120個買い、お給料日には各家庭に半斤の食パンを配るといったこともしています。

社員への福利厚生の面と、障がいがある人の仕事を応援したい気持ちで始めました。

障がいがある人に関心を持ったのは、わが社に長く勤めている耳が不自由な社員がきっかけです。彼はもう長い付き合いなので、私の口の動きを読み取ってくれるからこちらの言うことはわかるし、今はＬＩＮＥもあるので何も支障なく仕事をしてくれています。

ただ、さらに彼以外の障がい者を雇用できるかというと、今はまだちょっとハードルが高い。でも、何かできることはないかと考えた結果、障がい者施設に仕事を発注すればいいじゃないかと思いついたのです。

また、社員へのプレゼントを金券などで渡すと換金する者が出てくるので、お金にかえられないものにして渡しています。

社員の家族に対しては、例えば奥さんの誕生日に「ご主人はこんなに働いてくれていて感謝している、これからもこんなに期待している」という内容を手紙にして送ります。

お子さんにも伝わるようにお子さんの誕生日にメッセージカードを送ると、「お父さん、会社で期待されているんだってね」と言われるようになり、本人は家での居心地もよくなります。

手紙は多くて月に8枚ぐらいですから、それぐらいの手間はかけようと思っています。たいした手間ではないのに、その効果は絶大です。

## 中小企業に定年なんていらない

中小企業が大企業の真似をして失敗しがちなものの一つに定年制があります。60歳になって急に能力が落ちるわけではないのに、待遇面を落としてしまう。すると当然、社員のモチベーションは下がり、転職をしてしまう。その結果、技術承継ができなかったという話をよく聞きます。

そもそも定年になったら「年金があるんだから、給料は少なくてもいいでしょ」ということにして、会社が社員を安く使う理由にしてしまっていると私は考えています。

しかし、給与というものは基本的にその人の働きに応じて支払われるものです。成果主義だ、能力給だと言っているのに、年齢で区切って給与を減らすのは会社側がズルいと思います。60歳になっても59歳のときと同じ働きができるなら同じ給与を得られるのが当然です。

年金との関連で収入を調節したい場合は、週に2日だけ来る人もいます。仕事が遅れたり、お客さんに迷惑が掛かったりすることがなければ自分で調節していいからね、と伝えてその通りにしてもらっています。

ですから、60歳や65歳とか年齢によって一律に給料を減らすことはありませんし、年齢を理由に採用を見送ることも一切ありません。

会社は社員に「働いてもらっている」と思うものだし、社員も会社に対して「働かせてもらっている」と思えるようなら、自然と社内の雰囲気がよくなります。

よく中小企業の社長さんたちは、「社員は家族だ」みたいなことを言うのですが、その会社の社員はそれを聞いて苦笑いする、なんていうケースはよくあります。口ではそういうのに、実際は言葉通りに扱っていない会社が多いと感じます。

労使関係はどうしても雇用する側が強くなりがちで、いかに利益を出すかを考えて安く雇用することばかり考えている会社はまだまだ多いです。固定費をできるだけ低く抑えて利益を出すのがよい経営だという考えの人もいます。

しかし、「固定費をできるだけ低く」の意味が、「社員の給料をできるだけ低く」ということになると社員のモチベーションは上がりません。

社員の給料を低く抑えようとするのではなく、社員にいかに給料と同等かそれ以上の働きをしてもらうかを考えなければいけません。そして、社員の給料を増やすにはどうすべきかを考えていくべきです。これは「社員を安く使っていかに会社に残すか（社長が儲けるか）」とは対極の思考です。


ちなみに、うちにはボーナスがありません。先代がボーナスを払うときに短期借り入れを起こしていて、「こんなことは銀行に金利を払うためにやっているようなものだ」と思って、やめたのです。ただ、ボーナスはなくても月々の給与は多いので、年収で見れば同業他社よりやや高い水準になっています。

昇給すると最低でも月５０００円、実際は月１万円以上で、最低年間12万円も増えます。月に２～３万円増える人はゴロゴロいて、最高で月８万円、年１００万円近く増えた人もいます。

月１０００円なら奥さんも気づかないけれど、２万～３万円ならさすがに気づきます。すると、旦那さんに対して晩酌を一本多くするとか、ちょっと優しくなりますよね（笑）。

## 新入社員は78歳　金井の挑戦

私たちの会社では年齢は関係ありませんから、実力さえあれば高齢になっても働いてもらっています。事実、70代以上の社員も何人もいます。２０１９年に入社した金井伸治《しんじ》もその一人です。採用当時、すでに78歳でした。

44年間勤務していた大手電力会社の関連会社を２０１７年に退職後、奥様ががんを患ったことを機に再就職を決めたとのことでした。

しかし、ハローワークに行っても年齢制限に引っかかってどこもダメ。そんなときに、90歳を超えても現役で働く社員（平久さんのこと）を紹介するテレビ番組をたまたま見て、わが社を知ったようです。

さっそく面接に来てもらったら、経歴も申し分ないし、その場で採用を決めました。

もちろん技術、ノウハウがあることが条件ですが、その前に人柄がよいことが大前提です。

原子力発電施設の設計をやっていた金井さんだから、シャッターの図面を描くぐらいはちょろいでしょう（本人はちょろいとは言いませんが）。来てもらったらすぐになじんで何でもできるようになりました。

高齢者の働き方については、会社の対応が悪かったり、労働環境が悪かったり、辞めるように追い詰められてまでその会社に居座る必要はありませんが、そうでなく、会社が雇い続けたいのなら辞めることはないのではないか、と私は思います。

よくあるのはそれまで勤めていた業種とは全く違う異業種に転職して失敗するケースです。うちにも60代以上の人が面接に来て「教えてくれれば何でもやります」と言うのですが、「あなたが積み上げてきた能力を、この会社でどのように使うことで、自分のお給料に変えていくのですか？」と質問します。

過去を清算してゼロから積み上げていくのではなく、自分が今まで積み上げてきた経験を活かして、会社に貢献するという考え方をもってほしいと思います。

「積み上げてきた能力」といってもそれほど高度なものを要求しているわけではありません。職人さんは意外とつぶしが効くのです。大工をやっていた人なら、シャッターの製造もそれなりにできます。やっていることは違うし、使う道具も違うのですが、ものをつくることに関してはコツや要領がわかっているから覚えも早いのです。営業なら営業、設計なら設計と、業界は違ってもそれまでに積み上げてきたもので応用が利きます。なのに、営業をやっていた人が突然、職人になろうとしたりするのは、それまでに培った能力が活かせないのでもったいないと思います。

「自分にはそんなに大した能力はない」と思うかもしれませんが、そんなことはないはずです。誰でも30年、40年と働いてきていたら相当な技術、ノウハウを持っているものです。重いものは持てないけれど、そのぶん知識や経験があるのが高齢者の強みです。

## 先代の「人」に対する思い

うちの会社が人を大切にする経営を始めたのは、先代のころからです。

私は幼少のころから、「いまこのご飯が食べられているのは会社で働いている社員のおかげだから、みんなに感謝しなさい」と言われて育ちました。

その信念は、会社を立ち上げたころから人手の確保に苦労した経験が下地になっているのだと思います。高度経済成長のときは、みんなの給料が爆上がりしていた時代。できたばかりの会社では高い給料は払えず、人を確保するのが大変だったようです。慈悲深い性格もあって、先代はホームレスの人にも声をかけていたこともあったようです。実際に簡単な仕事を手伝ってもらったこともあったそうです。

そういう話を聞いていたので、私もコロナ禍のときに炊き出しの列に並んでいる人に声をかけてみたことがあります。結局、採用には至りませんでしたが、常に何かできないかと考えています。

社員とは、いってみれば社長がやりたいことを代わりにやってくれる人です。営業して、設計して、モノをつくって、取り付けて、お金を回収する。これをひとりではできないから営業部があって、設計部があって、経理部があって、工場製作部があってそこに人がいる。社長の代わりをやってくれている人にそれなりの面倒を見るのは当たり前です。

先代社長もよくいっていました。

「社員の面倒が見られないのなら経営者をやるべきではない」

私は先代のこの教えを忠実に守っているだけなのです。

## 水を入れ替えれば棲む生き物が変わる

会社に行く時間や帰る時間を選べたり、休みも思い通りに取れるようになったり、暗黒時代に比べると今は格段に自由な働き方ができる会社になってきたと思います。

しかし、何度もいうように自由には責任がついてまわります。

自由を獲得するには、自分で考え、選択し、努力することが必要になってきます。これができる人にとってはいいのですが、そうでない人にとって自由というのはけっこうしんどいものです。

自分で考えず、ただ言われたことをやり続けるだけというのが暗黒時代でしたから、先代が鶴の一声を発すれば、みんながパッと動きます。けれど、それはカンフル剤を打つようなものだから長続きしません。だからいつも同じことを言い続けなければなりませんでした。いつも言い続けていると、今度はそれにも慣れてしまいますから、声がどんどん大きくなっていきます。

経営とは長期の営みだから、カンフル剤だけではダメなのです。漢方のように長期で効いて、体質改善するようにもっていかないといけません。自由には責任が生じることを言い続け、給料を上げるためには相応の努力が必要であることをわかってもらうこと。そうして体質改善を続けた結果、合わない人は、「昔のほうがよかった。いまはギスギスしちゃっていやだよ」と言いながら、自ら会社を去っていきます。

反対に、自由を獲得してのびのびと働ける社員が増えていきました。工場長、副工場長たちはすごくモチベーションの高い人たちで、「社長、大丈夫だよ。毎日1時間残業すれば、この日までに終わるから。それよりもっと営業に仕事を取るように言ってよ」という会話が普通に出てきます。それも私や専務が号令をかけなくても勝手に進めているのです。

もちろん、全員がそうではありません。よく言われるように、うちの会社の社員でも意欲の高い人が2割、低い人が2割、その中間の人が6割と、2・6・2の図式になっていると思います。その上位の2が目に見えるアクションをすれば、6の中から引っ張られて上の2割の人に近い働きをするようになるのです。

ドジョウが棲む水と鮎が棲める環境は同じではありません。鮎がいる川にしたいのなら、水を変えるしかありません。

川の中に棲むドジョウを捕まえて追い出すのではなく、水を変えればドジョウは自然といなくなってしまうか、自ら鮎に変わるのです。

# 第6章

# 社員が自慢できる会社へ

## 会社が直面する課題ごとに社長がやるべきことは変わる

私が入社する前後からこれまでの中央グループの歩みを振り返ってみると、入社前までの「暗黒時代」（〜２００４年）、借金返済に奮闘した「暗黒時代からの復活」（２００４〜２０１１年）、先代社長がなくなり社員が大量離脱した「史上最大の混乱期」（２０１１〜２０１２年）、再始動して軌道に乗った「成長期」（２０１３〜現在）に分けることができます。

先代の跡継ぎ候補として会社に入社したとき、仕事を覚えるのと同時に心掛けたことは、社員との人間関係をしっかりつくることです。

本社では返済が軌道に乗ってきて、自分のポジションができてきたけれども、工場にいくと全然人間関係ができていなかったので、最初は完全アウェーでした。

彼らとの信頼関係をつくるのにまず行ったことは、困りごとを聞いてあげることでした。

「どんな仕事なの？　どれくらい日にちがかかるの？　どれくらいお金がかかるの？」と聞いていくと、納期が厳しいとか、材料が入ってこないとか、いろいろと小さな困りごとが出てくるのです。

それと同時に本社の情報を流してあげます。「今度こういう仕事が○日までに入ってくるから、それまでにこの仕事は終わらせておいたほうがいいね」という具合に。自分たちが知らない情報を教えてくれるというメリットがあるので、私が工場にいっても嫌な顔をされなくなっていきました。

工場の通路が塞がっている、空調の効きが悪い、作業場の手元が暗いなど、些細なことのようですが、そこで毎日働く人にとってはとても重要で切実なことなのです。そこのところをわかってあげて、一つひとつ解決していきました。

そうするうちに、だんだんと信頼関係ができていったように思います。

「社長の息子」というのは、勤続年数の長い社員ほどけむたく感じるものです。そういう人たちと信頼関係を築くには、まず小さくてもいいからポジティブな結果を出すことです。

## 味方は簡単には増えない、敵でなければよしとする

会社改革をするときには自分と共闘してくれる人をいかに増やすかが肝だと私は思っています。

私は2代目で、生まれたときにはすでに会社はでき上がっていましたから、ゼロから基礎をつくっているわけではありません。ある意味で部外者です。だからこそ客観的に会社を見ることができ、無駄や非効率なやり方に気づくことができました。

最初はすべての部署をまわって、表面的にではあっても広く浅く、すべての部署のことを把握し、同時に人間関係を構築し、変革する下地をつくっていきました。

味方はすぐにはできないから、敵をなるべくつくらないようにしました。

例えば、借金返済時の経費削減策として仕入れ先の見直しを行ったとき、支払いが毎月500万円かかっていたものが、300万円になりました。これで200万円浮きますが、波があるから150万円と見積もりました。「ざっくり計算」をするときに

は弱気な数字にするのが鉄則です。

毎月150万円返済できるのは大きい。しかし、そうはしません。「150万円浮いたと思ってそのうち50万円を僕にくれない？」といって経理と交渉しました。

「人とモノを分けるときには相手に多い方を渡せ」という先代の教えを実践したのです。それなら相手も「まあいいか」と承諾しやすくなります。

150万円をそのまま取り上げたのでは、「これでラクになる」と思った経理はおもしろくありません。だから、多くを経理に還元することにして、「改革を進めれば経理がどんどんラクになるのだ」という道をつくっていったのです。この流れが理解できたら、少なくとも経理は私に対して邪魔はしないでおこうと思うはずです。

パソコンを買い替えるときには経理部のものから新しくするようにしました。しかも、私が一連の改革の中で自ら稼いだお金から出すことにして、経理には「自分たちが管理する会社のお金は出さなくていいよ」ということにしました。

すると、経理部はその恩恵を最初に実感する。するとすぐには味方にはならないけれど、邪魔はしないようになるのです。

どんなに会社にいいことをしようと思って動いても、「わかりました、ついていきます！」なんてドラマのようにきれいなストーリーにはなりません。しかし、敵にさえならなければ、「手伝いはしないけど、やりたいなら勝手にやってれば」になっていく。私はそれでなら十分と思っていました。

## 変革しきれない会社は実行が甘い

信頼関係ができあがったところで、これまで述べてきたような施策を打ち出して徐々に変革していきました。

借金が減っていくと、自然と社内の空気はよくなっていきます。取引先からの催促がなくなる経理だけでなく、給料の遅配もなくなるので、会社がよい方向へ向かっていることが、全社員にも実感できるようになっていきます。

すると、「この社長の息子についていけばなんとかなるのかもしれない」と思ってもらえるようになっていきます。ここで初めて味方に近い状態になってくれるのです。

ここから働き方や福利厚生などに手をつけていき、社員の幸せ感がさらに増していくような施策を考えていきました。

私は2代目だったため、最初は小さな成功をつくって社員からの信頼を得て、味方を増やすことからはじめなければなりませんでしたが、創業社長であればその必要はありません。中小企業であれば、社長が面接して気に入った人を採用しているはずですから、大きく社長の考えとは違う人もいないはずです。

そう考えると、多くの中小企業では、やりがいや働きがい、働き方や福利厚生に手をかけることで社員のモチベーションを上げる下準備はできているのだと思います。


会社を一番よくわかっている社長が変革しようとして考えた施策はおそらく正しいものがほとんどのはずです。それでも会社が変わらないのは、実行が甘いからです。やり切れていないのです。それは社長が心の底から「これが大事だ！」と思っていないから、社員に伝わらないのだと思います。心底、やるべきだと思っているならやる意味を伝え続けるしかありません。

停滞期、衰退期に陥った企業には、「どうせやらなくても怒られない」「どうせやっても何も変わらない」という空気感が蔓延しています。

これを払拭していくには社長が言い続けるしかありません。本人が本心から思っていないと言い続けることはできませんから、社長自身が気づくしかないのです。

伝え方のコツとしては、「適量の3割ぐらい多め」に「何度も」言うことです。コミュニケーションは相手に伝わっているかどうかが問題です。相手に伝わるのは言った量の3割減ぐらいになると思っていたほうがいいでしょう。多めに伝えて、それではじめて相手にちょうどよく伝わるのです。

## やり続ける必要性と伝え続ける重要性

会社を変革しようとして社長が外に出てセミナーや講演などで学んできたりすると、「これってうちでもできるんじゃないの」と思えるものがどんどん出てきますよね。

しかし、それを社内で提案しても「いや、社長、うちの場合はこうじゃなきゃいけないから、このやり方でないとダメなんですよ」ということが多いのではないでしょうか？　私の場合は、その発言が納得できれば変えることはありません。けれども、納得できず、「今のやり方を変えたくないだけだな」と思えば、説得するモードに入っていきます。

今は現場ごとに自立的に動いてくれるのですが、ひと昔前は有無を言わさず、強制的に新しい方法を導入していた時期もあります。そして、新しく決めたやり方でやっているかどうか抜き打ちでチェックするのです。抜き打ちチェックした結果、新しい方法が行われていないと、うんと叱ります。そうしないと、慣れ親しんだ古いやり方にすぐに戻してしまうからです。

先代はカリスマ社長でしたから、強い号令を出すと社員はみなきちんと従います。これは目の前の決まりきった仕事をするぶんには非常に効果的ではあります。しかし、新しいものを生み出したり、変化に対応するためには適さない組織の在り方です。従順であることは、一方では何も考えないことと同義だからです。

なぜそれをやるのか、それをやることでどういうメリット・デメリットがあるのかを考えさせることが大事なのです。

強い号令で動くだけではただの駒になってしまいます。私はみんなに駒ではなく、差し手になってほしい。そして、そのやり方を部下や後輩に教え続けていけるようになってほしいと願っています。

そうすればどんどん底上げされて、会社の地力がついていきます。

それに部下を持つことは家族が増えることと同じなので、他人を家族のように思うことも勉強しなければいけません。そうやって学んでいけば自然と人間性も高めていけます。

もちろん、それには段階があります。

最初からフリーハンドで、「自分で考えてやれ」は無理です。本人がしんどいですし、すぐに潰れてしまいます。

最初は「こうやったほうがいいよ」からはじまり、「こうやったほうがいいと思うけど、どう思う?」になり、最終的には「どうやってやればいいと思う?」にしていきます。

そこの手間はかけます。なぜなら、私が「社員が幸せに働く会社」を目指しているからです。

## 大切にすることと甘やかすこととは違う

私は社員のことを大切に思っていますが、それは甘やかすことと同義ではありません。何でも許すことでもありません。だから、私が「ここは守ってね」という一線を越えたら容赦なく叱ります。

中小企業のマネジメントで重要なのは「社長のいうことは絶対」を最初に叩き込むことです。わが社の以前の暗黒時代のように、ちょっと社員の質が悪いと、会社から何か言われても「いいよ、バレやしねえよ」と言って勝手なことをしてしまいますから、どんなことがあっても「社長がいうことは絶対」をまずは叩き込むのです。

私は総務部長時代に、90人近くいた従業員と工場全体の管理をしたときも、「総務部長がNOといったら何があってもNO」を徹底させました。そのためには、あえてぶつかって、力技で納得させることもありました。

伸びた鼻をぽっきりと折る必要がある社員もいます。

中途で入ってきた社員は、必ずどこかで鼻を折らなくてはいけないと思っています。中途会社に慣れてきて、仕事もわかってくるとだんだん調子に乗ってくるものです。中途の人は新卒の子たちより社会人経験があるので、早い段階で手を抜き始めます。

手を抜いていいところと悪いところがあって、まだちゃんと仕事がわかっていないのに、わかった気になって手を抜いてしまう。そういうときは「違うよ」と厳しく言ってあげないといけません。

叱るときは、いきなり怒ったりせず、だいたい事前に戦略を練って計画的に行います。

まずは「おい、リーチだぞ」と言って注意を促します。そして、専務に前振りとして次のように言ってもらいます。

「おい、社長が本気で怒ってるぞ。いい加減、みんな気づかないと大変なことになるよ」

それでも改善が見られなかったら、その数日後、実際にドカンと叱ります。

これなら一発で済みます。叱るほうも労力を要するので一発で済ませてあげたいから、戦略を練って叱るようにしています。

計画的に怒ることで、その場の感情で怒っているわけではないのだなということも相手に伝わります。

ただ、厳しく叱責した日の夜は、「あの言い方でよかったかな」「別の方法はなかったかな」とずっと考えて、眠れません。翌朝、「昨日はちょっと言いすぎてしまってすいませんね」とフォローも当然しないといけません。

これも先代から教わったことです。

「いいか、人を叱ったときには必ずあとで地ならしをしておけよ。怒ったほうは覚えていなくても怒られたほうはずっと根にもっているものだからな」

根に持ったままだといつか必ず爆発してしまうからです。

## 中小企業特有の「泥臭い」「人間臭い」は武器にも足かせにもなる

古参社員とも本気でぶつかり合うことがあります。付き合いが長くて心底わかりあえているので、反対に大きな声で怒鳴り合うこともあります。

例えば、古参の社員が会社のためを思ってよかれと思ってやっていることでも、俯瞰的に見ると会社のためになっていないことがありますよね。社員は一部にこだわってしまい、全体の動きが止まってしまう。会社からすると大した問題ではないので、早く動きたいのに、動くに動けない。社長と社員では見え方が違うから仕方ありません。そこは全体を見ている社長が直接伝えてあげるべきなのです。

見え方が違うものを「自分はこう見えているが、君はどう見えている?」と言って本気でぶつかって意見をすり合わせないと、わかり合うことはできません。

ぶつかりあったとしても「会社のため」という根底のところが双方で共有されていれば、人間関係が決定的に壊れてしまうことはありません。

みんなの前で叱るときは、個人を叱るときでも「みんなに言っているんだよ」とちゃんと周りにも伝えます。その人だけを本当に叱るときは、みんなが居ない所で叱ります。

そして、どちらの場合でも叱る理由、怒る理由をしっかり伝えます。

理由さえちゃんと理解すれば、人は納得するはずです。それを自分勝手な論理で叱り、きちんと説明しないからパワハラになるのです。自分の感情やそのときの気分で叱るのは論外です。

こうしてしっかり理由を丁寧に伝えていけば、「社長は理由があって怒っている。意味があって叱っている」と思うようになるのです。その理由や意味を社員が考えられるように情報を出していくのです。

単に優しくてユルい会社にしたら、それこそ無法地帯と化してしまいます。厳しくしているからこそ優しく、優しくするからこそしめるところはしめる。そのバランスをうまくとらなければなりません。

厳しくするのも優しくするのもその人のことを思ってこそだし、会社のことを思ってこそなのです。

うちは時に感情がぶつかりあうような人間臭い会社です。でも、中小企業にとって人間臭さや泥臭さは、一歩間違えれば足かせにもなる半面、うまく使えば大きな武器になるし、魅力にもなりえます。

## 「会社の業績」と「社員の働きがい」を両立させるのが社長の仕事

社員のことをもっと大切にしていくために、2023年になって今までとやり方をガラッと変えました。これまで営業マンには数字でノルマを課すことはありませんでしたが、これからは売上金額の目標設定をするようにしました。

私は会議のためだけの資料づくりは時間の無駄だと思っているので、営業会議もしません。社内向けの資料の多くはその場で見てあとで見返すこともないですから。

全社的に売上目標を示しました。横引シャッターは前年比6割増、中央シャッターは前年比5割増で目標を打ち出しました。

すると、何年も更新できなかった月商をあっさり突破することができました。

社員は誰も変わっていないのに社長が号令を出しただけでこの結果です。

社長のやる気、本気度がちゃんと伝わったから、みんなで「よっしゃ、やろうぜ！」となりました。これまでの私がただただ怠慢だったということです。

営業部に対して、会社とお客さんの間に挟まれて大変だろうからと思って、目標売上金額をあまり厳しく言いませんでした。でも、彼らはそんなにヤワではありませんでした。単に、彼らのやる気を引き出してあげられなかった社長の落ち度なのです。


単に優しくて、甘くて、ユルいだけの会社は、本当に社員にとっていい環境なのでしょうか。もしかしたらそれがいいという社員もいるでしょう。でも、何か目標に向かって努力し、その目標が達成されて自分の成長が感じられる環境のほうがもっとよいのではないでしょうか。

社長はそういう環境をつくることに徹するべきです。まだまだ発展途上ではありますが、以前とは比べ物にならないぐらい自立した組織になってきたなと感じます。

先代のころは、社長自身がカリスマだったので、社長が自らレールを敷き、走らせ、「なんで走るんですか」と問われたら、「いいから走れ、走っていたらわかる」と言って走らせていました。私は2代目だからそれはできないですし、やりません。私がレールを引くのではなく、自分たちでレールを敷き、自分たちで走る。それをほかの人より手厚くサポートするのが社長だということです。

## 目指すべきは「古きよき日本の会社」の再興

こうして見てくると、うちは日本らしい会社だなと思います。

日本人は「お互い様」の精神であったり、「お天道様が見ている」といった道徳観だったりと素晴らしいものをたくさんもっています。働くことだって、欧米は宗教観から労働は贖罪であるという考えが根底にありますが、日本人にとって働くことは「傍を楽にする」こと、つまり、周囲の者を幸せにすることだという教えがあります。

だからお金のやり取りの前に、働いてもらったら「ありがとう」の気持ちになります。そういうところが日本の良さであり、もっと世界にも広めていける考え方だと思うのです。

毎日、嫌々仕事に行くのではなく、面倒なことはあってもつらくはなくて、なるべく笑顔になることが多い職場。こんな職場が増えていくといいですね。
社員が幸せを感じるためには福利厚生を手厚くすればいいのですが、気持ちやノリだけではできません。稼ぐ必要があります。そこはシビアです。でも、それ以外のところはシビアにする必要はありません。
正々堂々と利益を出して、その利益をみんなに還元して、みんながハッピーになっていく。これが私の目指す「幸せ経営」です。

大企業ではコア人材だけを保有し、あとはアウトソーシングして極力コスト削減したり、ロボットのように数値で社員を管理したりして利益を出し、株主に還元するのが流行りの経営のように見受けられますが、でも中小企業はそうはいきませんし、そうする必要もないのです。

## 「昔ながら」のやり方はSDGsにもかなう

うちの会社は「昔ながら」の会社のやり方だなと思うところがいくつかあります。修理を依頼されると、「古くなっているから新しいのと交換しませんか？」という営業をかける会社がよく見られると思います。しかし、私たちは新しいものに交換するより今使っているものを修理して、末永く使ってもらおうと提案します。

そもそもシャッター業界というのはすでに飽和状態に達していて、大手のシャッター会社もシャッター業だけでなく、ほかのエクステリアだったり、スチールドアや防火扉なども扱うなどして業態変化を志向しています。その中で売上をあげようとするので、なんでも新品に替えさせようとする営業マンが実に多いのです。

しかし、私たちはその反対を進んでいます。「ここだけ直せば、まだ使えます」「ここだけ部品交換すれば今まで通り動きますよ」などと提案して、なるべくお客様の負担が大きくならないようにします。

昔から中央シャッターのキャッチフレーズは「重いシャッターすぐ電話」で営業車にもこのフレーズを入れているのですが、私が社長になってから「新しくするのはもう古い」というキャッチフレーズを加えました。

今や家電製品でも修理して使うより、「買ったほうが早いし安い」の世界ですが、私たちは違います。なんでも新しくするのはもう古いのです。

現実にＳＤＧｓの内容的にも工業製品は新規材料ではなく、リサイクル部品を使うことが奨励されていて、今後、再生材を使わない企業は生き残っていけないだろうと言われています。

修理を前提とするやり方は何も今に始まったことではなく、先代社長のころからずっとそうしています。昔はものを大切にする文化はどの会社でも当たり前のようにありました。しかし、大量生産大量消費の中で「修理するより新しくしたほうが早い」の世界になり、今また「直して使うのがＳＤＧｓ」ということになりました。

会社経営においても一時の社員をコストとみるトレンドから、人を大事にする昔ながらのやり方が見直されているのです。
「昔ながら」のやり方を、今風のやり方で刷新していくことができるはずです。

## 「できる・できない」じゃない、やるかやらないか

〝やればできる〟

よく言われる言葉ですが、やってもできないことはあります。当然、できることとできないことがあって、すべてが可能になるとは私も思いません。けれど、約束できるようなことは、やればできるものばかりです。やる気があるかどうかだけで、実に単純です。

能力に関係するものはできることとできないことがありますよね。でも、誰にでもできることは、誰にでもできるのです。

例えば、挨拶です。元気で感じのいい挨拶に能力は関係ありません。やる気になれば誰でもできる。「やる気はあるんですけど」と言ってやらないのは、本当はやる気がないだけです。

約束を実行できないと会社が傾いてしまいます。

私の講演を聞きに来てくれた人で相談に来る社長さんは「そんなことやったって変わらない」と言う人が実に多いです。でも、「そんなこと」と言うぐらいのことなら、やってみたらどうですか、と私は言います。「そんなこと」もできないから会社がよい方向に変わらないのだと思って私は行動し、一つずつ積み上げていきました。

経営が傾くと、周りの社長さんやコンサルタントに相談する人は多いでしょう。しかし、自分の会社の問題は社長自らが一番よくわかっていて、解決策も実は社長自身が知っているのです。なのに自分がやると決められずに、やらないでいるから答えは出ないいままで、最終的には他人に助けを求めてしまいます。

やらないのは「これをやるぐらいだったら死に体のままでいいや」ということですよね。それは真綿で首がしめられているようなものなので、最後には必ず死んでしまいます。

物騒な言葉を使ってごめんなさい。でも、暗黒時代や史上最大の混乱期を経験した私からすると、あながち大袈裟でもないなと思っています。

会社を変えようとどんなに社長が熱く語ってもはじめのころは社員はピンとこないものです。だから、社員がわかる言葉にして伝え続ける必要があります。

社員との信頼関係ができていれば、「社長はまた何か会社をよくしようとしてくれているんだな」と思ってくれるので小さな労力だけで勝手に動いていくようになります。日本人の「言わなくてもわかるでしょ」という関係性にはとても強いものがあります。私たちの会社もそうなりつつあります。ただ、そこにいくまでには社長自らが先頭に立っていかなければならない時期が必要なのです。

言うなれば、この会社は社長の〝王国〟で、社長が右といえば右になるし、左といえば左になる。社内で最も影響力をもっている人物が社長自身です。その会社をよくしようと思うのであれば、一番影響力のある社長が行動するしかありません。まず社長自身、あなた自身がどうしたいか、です。

望んでいるだけでは期待したものは得られません。本当に言いたいのは、あなたがやるかやらないか。続けるか続けないか。
それによって会社の未来も社員の未来も決まります。

# おわりに

会社の近くを流れる花畑運河には、小さな桜並木があります。

毎年2月の半ばになり、この河津桜が花びらを広げるころになると、必ず思い出すことがあります。

史上最大の混乱期の混沌から這い出し、ようやく闇の先に一筋の光明が見えだした、2016年のことだったでしょうか。

「あ、こんなところにきれいな桜が咲いていたんだ」

と通勤途中に気がつきました。

何年も何年も同じ道を通ってきたのに、毎年あんなに並んで見事に咲いていたのに、その桜が見えていませんでした。可憐に咲く花がきれいだなと思えたとき、ようやく自分自身に余裕が出てきたのだなと気づいたのです。

それからは、いつもその時期になると河津桜が咲いているのを見ては、「まだ余裕があるな」と思っています。

今もお付き合いでいくらかの銀行借り入れがありますが、実質無借金経営といえるところまできました。会社の資産から負債を引いても十分プラスになります。いわゆるトヨタ式の無借金経営です。

本来は銀行借り入れゼロがいいのですが、銀行さんとの付き合いを考えるとそれは現実的ではないのかなと思ってそうしています。

２０１５～１６年ごろには無借金になったので、実質10年ぐらいで9億円を返すことができました。たかだか10年頑張れば、そのあと何十年もいい思いができるのだと考えたら、これからの課題にも積極的に向き合っていけます。

もちろん経営のすべてが上手にできているわけではありません。やろうと思ったけれどできなかったとか、やろうと思っていたけど忘れてそのままになっていることなど、いろいろ、たくさん、まだまだあります。

でも人間のやることだから、それも一つずつ順番でいいのではないか。

リーダーにとって大切なのは社員や部下に言うのと同時に「自分はやってるの？」と常に自分に問い続けることが必要だと考えます。

私も社員に言いながら、「ヤバい、自分ができてない」と胸がチクっとするときが今もあります。でも、それを社員たちに悟られる前にやっておこうと自分を奮い立たせます。自分との戦いに勝ったり負けたりする、それも人間です。

会社を一番よくしたいと願っているのも社長さんだし、会社のことを一番知っているのも社長さんなのだから、一番たくさん考えて、一番たくさん動かなきゃいけないのも社長さんです。

私はこれから会社を大きくするよりも、流行り病とか災害とか、多少のイレギュラーな出来事にはびくともしない、筋肉質で柔軟な会社にしていきたい。

そしてなにより、社員のみんなが家族から「いつも会社に行くのが楽しそうだね」と言われるような会社にしていきたい。これが一番求めたい成功であり、本書に最後までお付き合いくださった皆さまへ見てもらいたいわが社の未来の姿です。

【著者紹介】

**市川　慎次郎**（いちかわ・しんじろう）

◉――1976年、埼玉県生まれ。東京都内に本拠を置く、株式会社中央シャッター、株式会社横引シャッター代表取締役。父の先代社長が、従来上げ下げしていたシャッターを横開きできるよう開発して、「上吊り式横引きシャッター」として特許を取得している。

◉――高校卒業後、中国の清華大学へ留学し、北京語言文化大学（現・北京語言大学）漢語学部経済貿易学科を卒業。帰国後、父の経営する株式会社中央シャッターに入社。父の下で創業者の精神を叩き込まれ、総務部部長・経理部部長を兼任し、当時9億円を超えていた負債を圧縮して会社を立て直した。2012年、父の急逝を受けて代表取締役に就任。先代社長の遺志を受け継ぎ、地域とのつながりを大切にする着実な経営で安定した業績を残している。

◉――東京青年会議所足立区委員会委員、東京商工会議所足立支部建設分科会副分科会長などを歴任。駅の売店に多く採用されている横引きシャッタ―の普及や、定年のない雇用、がん患者が働ける職場づくりを実現させたことで知られ、こうした実績に基づく講演などを全国各地で行っている。

**新入社員《しんにゅうしゃいん》は78歳《さい》**

**小《ちい》さな会社《かいしゃ》が見《み》つけた誰《だれ》もが幸《しあわ》せを感《かん》じられる働《はたら》き方《かた》**

2023年10月16日　第1刷発行

著　者――市川　慎次郎

発行者――齊藤　龍男

発行所――株式会社かんき出版

東京都千代田区麹町4-1-4 西脇ビル　〒102-0083

電話　営業部：03(3262)8011㈹　編集部：03(3262)8012㈹

FAX　03(3234)4421　　振替　00100-2-62304

https://kanki-pub.co.jp/

印刷所――図書印刷株式会社

乱丁・落丁本はお取り替えいたします。購入した書店名を明記して、小社へお送りください。ただし、古書店で購入された場合は、お取り替えできません。

本書の一部・もしくは全部の無断転載・複製複写、デジタルデータ化、放送、データ配信などをすることは、法律で認められた場合を除いて、著作権の侵害となります。

©Shinjiro Ichikawa 2023 Printed in JAPAN ISBN978-4-7612-7696-6 C0034